星ひとみの天星術

2024

地球グループ

空

SKY

Star Eyes

HITOMI HOSHI

Happy Message

うれしいとき
悲しいとき
つらいときでも

少しだけ背筋を伸ばしてみて

下ばかり向かず
そっと
空を見上げれば

果てしなく広がる大空と
空の青さにも気が付ける

晴れたり曇ったり
いろんな顔は心模様のよう

行動力と生命力

あなたにあふれているエネルギー
あなたはもっと自由でいい

色を感じ
風を感じ
自分の可能性を感じられるように

雨の上には光があり
まだ見ぬ世界が広がっている

壁にぶつかったのなら

視点を変えて
上から下を覗いてみれば

すべてはつながり
新しい出口が見えてくる

あなたの優しさのように温かく
まだまだ新しい未来を作り上げられる

大空は一つに
あなたの願いが叶うまで

今日も"大丈夫"

PROLOGUE

★ はじめに ★

皆様こんにちは、星ひとみです。

『星ひとみの天星術2024』を手にしていただき
またお会いできたことをうれしく思います。

この時代に皆様と出会い
天星術を通じ、つながることができた今に
心から感謝いたします。

この1年があっという間に過ぎたように感じた方も
逆に長かったなと感じた方もいるでしょう。

人生を満喫するために、生きるために。

笑ったり、怒ったり
挑戦したり、悩んだり。

なぜ自分だけがこのような目に遭うのかと
ときに苦しみ、前に進めなかった人も――。

心、生き方、歩む道のり。
人生に決めつけはなく
災いは回避し
苦しみは手放すことができる――。
私はそう信じています。
そして
あなたを照らす"光"はちゃんとある。

昨年に続き今年も、少しでも皆様の支えとなれるように
長い時間をかけて仕上げさせていただきました。

私のオリジナル鑑定法の「天星術」にも
生命の“光”が宿り
毎年少しずつ、ゆっくりと成長し、時代に合わせ、
私たちと一緒に動いています。

自分はダメだと決めつける必要はなく、
“影”や“リセット”の月でも、怖がる必要はありません。

自分の運命、
自分のリズム。

そして“光と影”。

あなたの今がどんな流《リズム》れなのかを読みとり
一緒に進んでいきましょう。
私たちは生まれた瞬間に、星と光のエネルギーを受けて
それぞれの流《リズム》れを授かります。

エネルギーは、月、地球、太陽の3つの天室に分かれ
「天星術」では、1つの天室を、さらに4つの天星に分けて見ています。

月グループは、満月、上弦の月、下弦の月、新月。
地球グループは、空、山脈、大陸、海。
太陽グループは、朝日、真昼、夕焼け、深夜。

天星には、それぞれナンバーがあり、あなたの星を知ることができます。
また、あなたの生まれた年で、運気が「赤」と「白」に分かれ、
2024年は、さらに深く運気を知ることができます。

中身を少し具体的に紹介しますと、
まずは、あなたの性格についての最新版トリセツ。
開運キーワード、12天星別の相性をお伝えするページから始まります。

次に、1年間という大きな視点で捉えた、2024年の運気や、
グラフで示した運気バイオリズム、
月ごとの開運メッセージと開運行動、天星ナンバー別の「赤」と「白」に分かれたお言葉、
さらに運気を、1日1日という点で捉えた毎日のメッセージがあります。

特に、全部で12ある天星をさらに細かく見て、
今年、今月のあなたがどんなリズムをもっているのか、
皆様の天星ナンバーの「赤」と「白」別に占っておりますので、
【2024年 天星ナンバー別の運気】【天星ナンバー別 今月のお言葉】に、
注目してみてください。

このように、あらゆる角度から運気を読むことで、
「今がどんな時期か――光なのか影なのか」「どんなことをすると幸せを感じられるか」
また「どんなことに気をつけたら不運を回避できるか」を分析することができます。

どこを読んでも、人生の“今”のヒントとなる言葉に出会えますように。

後半ページでは、「他の天星のプロフィール」も載せています。
自分を知り、相手を理解できたとき、素晴らしい関係となれるように
家族、お友達、仕事仲間、そして気になる人との付き合い方の参考にしてください。
まずは難しく考えず、肩の力を抜いてみましょう。

誰もが幸せになるチャンスがあります。
決して諦めなくていい。

あなたが幸せになるための
“キッカケ”となれたなら幸いです。

12天星別『星ひとみの天星術2024』
今日からあなたのお守りに。

皆様の1年が幸運の光につつまれますように。

自分を知り
今のリズムを知る
あなたの心に光を

天のエネルギー
星のエネルギーを“贈り”ます。

“あなたは大丈夫”

星ひとみ

CONTENTS

ASTROLOGY

天星術について

「天星術」は、中国に古くから伝わる東洋占星術をベースに、
さまざまな統計学や人間科学、心理的要素などを取り入れて作り上げた、
星ひとみによるオリジナル鑑定方法です。
時代とともに変化する“今”に合わせ、
進化させるべく研究を続けてきました。
生まれた日のエネルギーが、
月、地球、太陽のどのエネルギーの影響を受けているのか。
みなさんのエネルギーは、3つの天室に分かれ、
さらに4つの時星に導かれ、12の天星タイプとなっていきます。
「天星術」で読み解いていくことで、
過去にどんなことがあったのか、現在はどんな状況か、
そして未来がどうなっていくのかがわかります。
ただし大切なのは、**「天星術」は決して決めつけではない占術**である、ということ。
道がないことがわかれば、創ればいい。
壁にぶつかってしまうとわかれば、回避すればいい。
また、「天星術」は光と影、そのどちらも内包するもの。
光として出たのか、影として出たのか、
それを読みとれれば、自ら変えていくことができます。
失敗と感じても、
それは**未来に訪れる成功のために必要な失敗だった**、ということも。

未来をよりよくするために、占いをどう捉えて、どう動くのか。
あなたの心のもち方によって好転させることができる、
それが「天星術」です。

天星術 GROUP

月グループ	地球グループ	太陽グループ
満月	空	朝日
上弦の月	山脈	真昼
下弦の月	大陸	夕焼け
新月	海	深夜

HOW TO

あなたの天星の見つけかた

★ ★ ★

1

P.015から始まる 生年月表 を見て、
あなたの生まれた年と月が交わる数字を
探してください。

↓

2

その数字に、生まれた日の数字を足してください。
その数字があなたの 天星ナンバー です。

※合計した数字が61以上になる場合は、その数字から60を引いたものが
天星ナンバーになります。

↓

3

P.014の 天星ナンバー対応表 を参照して、
天星を見つけてください。

↓

4

生まれ年(西暦)の下ひとけたが
偶数か奇数かを見て、赤か白かを確認します。

例

1995年4月20日生まれの場合

[生年月表]で1995年と4月が交わる数字は「58」。
「58」に生まれた日の「20」を足して「78」。
61以上になるので、60を引くと「18」。
[天星ナンバー対応表]を参照すると、「18」の天星は「夕焼け」。
生まれ年(西暦)の下ひとけたが奇数なので、「白」。

こちらでも！

CHECK!

あなたの天星は？

★ ★ ★

LINK 1

生まれた年 ＿＿＿＿ 年と
生まれた月 ＿＿＿＿ 月が
生年月表 で交わる数字

LINK 2

❶で出した数字 ＋ 生まれた日の数字 ＝ 天星ナンバー

61以上の場合は、60を引いて

LINK 3

天星ナンバー対応表 によると
あなたの天星は ＿＿＿＿ の ☆

例えば 「夕焼け」 の 「18」

LINK 4

生まれ年の下ひとけたが 偶数 ⋯→ 赤 / 奇数 ⋯→ 白

あなたは ＿＿＿＿ の ☆ の ⬡ です。

例えば 「夕焼け」 の 「18」 の 「白」

★ 天星ナンバー対応表 ★

天星ナンバーも覚えておこう！

月グループ MOON	満月	4 10 33 39 45
	上弦の月	11 17 32 38
	下弦の月	2 3 8 41 47
	新月	14 20 23 26 29 36
地球グループ EARTH	空	6 43 49 54 55 60
	山脈	9 15 16 34 40 46
	大陸	1 5 50 53 56 59
	海	51 52 57 58
太陽グループ SUN	朝日	21 22 27 28
	真昼	7 42 44 48
	夕焼け	12 18 31 37
	深夜	13 19 24 25 30 35

生年月表

生まれ年	和暦	干支	1月	2月	3月	4月	5月	6月	7月	8月	9月	10月	11月	12月
1920	T9	申	54	25	54	25	55	26	56	27	58	28	59	29
1921	T10	酉	0	31	59	30	0	31	1	32	3	33	4	34
1922	T11	戌	5	36	4	35	5	36	6	37	8	38	9	39
1923	T12	亥	10	41	9	40	10	41	11	42	13	43	14	44
1924	T13	子	15	46	15	46	16	47	17	48	19	49	20	50
1925	T14	丑	21	52	20	51	21	52	22	53	24	54	25	55
1926	T15/S1	寅	26	57	25	56	26	57	27	58	29	59	30	0
1927	S2	卯	31	2	30	1	31	2	32	3	34	4	35	5

★ 生年月表 ★

生まれ年	和暦	干支	1月	2月	3月	4月	5月	6月	7月	8月	9月	10月	11月	12月
1928	S3	辰	36	7	36	7	37	8	38	9	40	10	41	11
1929	S4	巳	42	13	41	12	42	13	43	14	45	15	46	16
1930	S5	午	47	18	46	17	47	18	48	19	50	20	51	21
1931	S6	未	52	23	51	22	52	23	53	24	55	25	56	26
1932	S7	申	57	28	57	28	58	29	59	30	1	31	2	32
1933	S8	酉	3	34	2	33	3	34	4	35	6	36	7	37
1934	S9	戌	8	39	7	38	8	39	9	40	11	41	12	42
1935	S10	亥	13	44	12	43	13	44	14	45	16	46	17	47
1936	S11	子	18	49	18	49	19	50	20	51	22	52	23	53
1937	S12	丑	24	55	23	54	24	55	25	56	27	57	28	58

★ 生年月表 ★

生まれ年	和暦	干支	1月	2月	3月	4月	5月	6月	7月	8月	9月	10月	11月	12月
1938	S13	寅	29	0	28	59	29	0	30	1	32	2	33	3
1939	S14	卯	34	5	33	4	34	5	35	6	37	7	38	8
1940	S15	辰	39	10	39	10	40	11	41	12	43	13	44	14
1941	S16	巳	45	16	44	15	45	16	46	17	48	18	49	19
1942	S17	午	50	21	49	20	50	21	51	22	53	23	54	24
1943	S18	未	55	26	54	25	55	26	56	27	58	28	59	29
1944	S19	申	0	31	0	31	1	32	2	33	4	34	5	35
1945	S20	酉	6	37	5	36	6	37	7	38	9	39	10	40
1946	S21	戌	11	42	10	41	11	42	12	43	14	44	15	45
1947	S22	亥	16	47	15	46	16	47	17	48	19	49	20	50

★ 生年月表 ★

生まれ年	和暦	干支	1月	2月	3月	4月	5月	6月	7月	8月	9月	10月	11月	12月
1948	S23	子	21	52	21	52	22	53	23	54	25	55	26	56
1949	S24	丑	27	58	26	57	27	58	28	59	30	0	31	1
1950	S25	寅	32	3	31	2	32	3	33	4	35	5	36	6
1951	S26	卯	37	8	36	7	37	8	38	9	40	10	41	11
1952	S27	辰	42	13	42	13	43	14	44	15	46	16	47	17
1953	S28	巳	48	19	47	18	48	19	49	20	51	21	52	22
1954	S29	午	53	24	52	23	53	24	54	25	56	26	57	27
1955	S30	未	58	29	57	28	58	29	59	30	1	31	2	32
1956	S31	申	3	34	3	34	4	35	5	36	7	37	8	38
1957	S32	酉	9	40	8	39	9	40	10	41	12	42	13	43

★ 生年月表 ★

生まれ年	和暦	干支	1月	2月	3月	4月	5月	6月	7月	8月	9月	10月	11月	12月
1958	S33	戌	14	45	13	44	14	45	15	46	17	47	18	48
1959	S34	亥	19	50	18	49	19	50	20	51	22	52	23	53
1960	S35	子	24	55	24	55	25	56	26	57	28	58	29	59
1961	S36	丑	30	1	29	0	30	1	31	2	33	3	34	4
1962	S37	寅	35	6	34	5	35	6	36	7	38	8	39	9
1963	S38	卯	40	11	39	10	40	11	41	12	43	13	44	14
1964	S39	辰	45	16	45	16	46	17	47	18	49	19	50	20
1965	S40	巳	51	22	50	21	51	22	52	23	54	24	55	25
1966	S41	午	56	27	55	26	56	27	57	28	59	29	0	30
1967	S42	未	1	32	0	31	1	32	2	33	4	34	5	35

★ 生年月表 ★

生まれ年	和暦	干支	1月	2月	3月	4月	5月	6月	7月	8月	9月	10月	11月	12月
1968	S43	申	6	37	6	37	7	38	8	39	10	40	11	41
1969	S44	酉	12	43	11	42	12	43	13	44	15	45	16	46
1970	S45	戌	17	48	16	47	17	48	18	49	20	50	21	51
1971	S46	亥	22	53	21	52	22	53	23	54	25	55	26	56
1972	S47	子	27	58	27	58	28	59	29	0	31	1	32	2
1973	S48	丑	33	4	32	3	33	4	34	5	36	6	37	7
1974	S49	寅	38	9	37	8	38	9	39	10	41	11	42	12
1975	S50	卯	43	14	42	13	43	14	44	15	46	16	47	17
1976	S51	辰	48	19	48	19	49	20	50	21	52	22	53	23
1977	S52	巳	54	25	53	24	54	25	55	26	57	27	58	28

生年月表

生まれ年	和暦	干支	1月	2月	3月	4月	5月	6月	7月	8月	9月	10月	11月	12月
1978	S53	午	59	30	58	29	59	30	0	31	2	32	3	33
1979	S54	未	4	35	3	34	4	35	5	36	7	37	8	38
1980	S55	申	9	40	9	40	10	41	11	42	13	43	14	44
1981	S56	酉	15	46	14	45	15	46	16	47	18	48	19	49
1982	S57	戌	20	51	19	50	20	51	21	52	23	53	24	54
1983	S58	亥	25	56	24	55	25	56	26	57	28	58	29	59
1984	S59	子	30	1	30	1	31	2	32	3	34	4	35	5
1985	S60	丑	36	7	35	6	36	7	37	8	39	9	40	10
1986	S61	寅	41	12	40	11	41	12	42	13	44	14	45	15
1987	S62	卯	46	17	45	16	46	17	47	18	49	19	50	20

★ 生年月表 ★

生まれ年	和暦	干支	1月	2月	3月	4月	5月	6月	7月	8月	9月	10月	11月	12月
1988	S63	辰	51	22	51	22	52	23	53	24	55	25	56	26
1989	S64/H1	巳	57	28	56	27	57	28	58	29	0	30	1	31
1990	H2	午	2	33	1	32	2	33	3	34	5	35	6	36
1991	H3	未	7	38	6	37	7	38	8	39	10	40	11	41
1992	H4	申	12	43	12	43	13	44	14	45	16	46	17	47
1993	H5	酉	18	49	17	48	18	49	19	50	21	51	22	52
1994	H6	戌	23	54	22	53	23	54	24	55	26	56	27	57
1995	H7	亥	28	59	27	58	28	59	29	0	31	1	32	2
1996	H8	子	33	4	33	4	34	5	35	6	37	7	38	8
1997	H9	丑	39	10	38	9	39	10	40	11	42	12	43	13

★ 生年月表 ★

生まれ年	和暦	干支	1月	2月	3月	4月	5月	6月	7月	8月	9月	10月	11月	12月
1998	H10	寅	44	15	43	14	44	15	45	16	47	17	48	18
1999	H11	卯	49	20	48	19	49	20	50	21	52	22	53	23
2000	H12	辰	54	25	54	25	55	26	56	27	58	28	59	29
2001	H13	巳	0	31	59	30	0	31	1	32	3	33	4	34
2002	H14	午	5	36	4	35	5	36	6	37	8	38	9	39
2003	H15	未	10	41	9	40	10	41	11	42	13	43	14	44
2004	H16	申	15	46	15	46	16	47	17	48	19	49	20	50
2005	H17	酉	21	52	20	51	21	52	22	53	24	54	25	55
2006	H18	戌	26	57	25	56	26	57	27	58	29	59	30	0
2007	H19	亥	31	2	30	1	31	2	32	3	34	4	35	5

★ 生年月表 ★

生まれ年	和暦	干支	1月	2月	3月	4月	5月	6月	7月	8月	9月	10月	11月	12月
2008	H20	子	36	7	36	7	37	8	38	9	40	10	41	11
2009	H21	丑	42	13	41	12	42	13	43	14	45	15	46	16
2010	H22	寅	47	18	46	17	47	18	48	19	50	20	51	21
2011	H23	卯	52	23	51	22	52	23	53	24	55	25	56	26
2012	H24	辰	57	28	57	28	58	29	59	30	1	31	2	32
2013	H25	巳	3	34	2	33	3	34	4	35	6	36	7	37
2014	H26	午	8	39	7	38	8	39	9	40	11	41	12	42
2015	H27	未	13	44	12	43	13	44	14	45	16	46	17	47
2016	H28	申	18	49	18	49	19	50	20	51	22	52	23	53
2017	H29	酉	24	55	23	54	24	55	25	56	27	57	28	58

★ 生年月表 ★

生まれ年	和暦	干支	1月	2月	3月	4月	5月	6月	7月	8月	9月	10月	11月	12月
2018	H30	戌	29	0	28	59	29	0	30	1	32	2	33	3
2019	H31/R1	亥	34	5	33	4	34	5	35	6	37	7	38	8
2020	R2	子	39	10	39	10	40	11	41	12	43	13	44	14
2021	R3	丑	45	16	44	15	45	16	46	17	48	18	49	19
2022	R4	寅	50	21	49	20	50	21	51	22	53	23	54	24
2023	R5	卯	55	26	54	25	55	26	56	27	58	28	59	29
2024	R6	辰	0	31	0	31	1	32	2	33	4	34	5	35

SKY

空

プロフィール

あなたの性格に迫るとともに、
2024年の運気や開運色、
相性などもお伝えします。

Sky Profile

LIGHT

□ 包容力が豊かで頼られると断れない

□ なんでもできるマルチプレイヤー

□ 好きになったら一直線に突っ走る

□ 成功願望が強い、
前向きな負けず嫌い

決断する月、努力が報われる月、吉凶混ざり引きが強い月にこの傾向が表れます

空の
光と影

各天星タイプには、もともともっている性質があります。普段、表に出ているのが「光」の性質です。ただ、運気バイオリズムが崩れると「影」の性質が出てきます。

□ 自分に自信がなく嫉妬しがち

□ ツメが甘く、見栄っぱり

□ 言葉遣いがキツく愚痴が多め

□ ミーハー気質で、
欲望に流されやすい

運気が低迷する月、八方塞がりになりやすい月、リセットの月にこの傾向が表れます

SHADOW

運気バイオリズム（P.034）が☀（光）と☁（影）のときに、上記のような性質がそれぞれ出てきます。

空

包容力豊かな頑張り屋さん

CHARACTER KEYWORD

基本性格

面白そうなことが大好きで、寛大な心のもち主。面倒見がよく困っている人を放っておけず、つい張り切ってしまうタイプ。自分に自信がないため人と比べ落ち込むと愚痴が多めに。どこか抜けていてツメが甘い面がある一方、仕事と恋愛の両立も得意な頼れるマルチプレーヤー。見栄っ張りで身内に冷たくなる傾向も。

空のトリセツ

⬆好きなこと・喜ぶこと

- いきつけの場所に行く
- 手土産（もらう、あげる）
- 気の合う人と食事＆談笑
- 自慢できる環境
- 満足感がある買い物
- お茶の時間

⬇嫌がること・ストレスになること

- 注意されること
- プライドを傷つけられる
- 仕事を邪魔される
- 異性関係に口出しされる
- すぐに対応しない人
- 待たされること

2024年の開運のカギ

やるといいこと	食のバランスを大切にし、欲を制御
気をつけるべきこと	体の不調のサインを見過ごさない

2024年の開運相性

恋愛運を上げる天星	仕事運をのばす天星	金運をのばす天星
空×下弦の月	空×朝日	空×上弦の月

基本の開運色
水色

2024年の開運色
白

2024年の開運アイテム
キーケース

2024年の開運スポット
レトロな喫茶店

天星タイプ別 基本の相性

組み合わせ	相性
空×満月	★★★☆☆
空×上弦の月	★★★★☆
空×下弦の月	★★★★☆
空×新月	★★☆☆☆
空×空	★★★★★
空×山脈	★★★★☆
空×大陸	★★☆☆☆
空×海	★★★★☆
空×朝日	★★☆☆☆
空×真昼	★★★★☆
空×夕焼け	★★☆☆☆
空×深夜	★★★★★

空

天星ナンバー

6

時折見せるギャップが魅力の自信家タイプ

包容力があり、誰にでも優しく面倒見のよいタイプ。外で見せる顔とはうらはらに、時々ドライな一面も。自分が一番正しいと考える自信家な面もありますが、基本的には愛情深く、一生懸命相手に尽くせる人。物事に取り組むときは、焦らず長い目で見ると運気がよくなるでしょう。

こんな星が入ってる

- ★ 釣った魚に餌をあげない星
- ★ 毒舌の星
- ★ オフ大事の星

天星ナンバー

43

常に上を目指す負けず嫌いの人

マイペースで負けず嫌い。自信のなさから人の目を気にしやすく、見栄をはりがち。自分の味方には強い愛を注ぎ、一流が好きな一面も。プライドを傷つけられるとグチや小言が多くなり爆発。何を言われてもへこたれない強さを身につけることが、開運への近道です。

こんな星が入ってる

- ★ 面倒見がよい星
- ★ 見栄っ張りの星
- ★ ミーハーの星

天星ナンバー

49

パワフルなマルチプレイヤー

直感力に優れ、豊かな才能をもっています。気分屋でキツイ一面も。好き嫌いがはっきりしていて、すぐに顔に出ますが、お人好しで面倒見はよい方。ストレスを抱え込みやすいので、自然に触れてリフレッシュするなど、こまめなストレス解消を心がけると生き生きと過ごせるでしょう。

こんな星が入ってる

- ★ 多才の星
- ★ ツメが甘い星
- ★ 電話を切るのが早い星

天星ナンバー別の性格

天星ナンバー

54

努力型！ 意識高い系ミーハー気質

美容やファッション、もち物にこだわり、自分を高めようと努力します。やや見栄っ張りで、ステータスやブランドなど、本物志向のもち主。スペックに頼らずに本質を見極める力をつけることで、幸せに近づけるでしょう。ほめられるとさらに頑張れる人でもあります。

こんな星が入ってる

- ★ 愛情深い星
- ★ 浮気癖の星
- ★ 自慢したい星

天星ナンバー

55

変幻自在に空気を読める社交マスター

責任感が強く、物事を計画的に進める力があります。計画通りにいかないときでも、臨機応変にやり遂げることで実力をつけていけるでしょう。社交性があり、ときにサービス精神旺盛な一面を見せます。ややミーハーで、負けず嫌い。人と比べず自分を愛してみて。

こんな星が入ってる

- ★ 努力家の星
- ★ 強い人に弱い星
- ★ 外面がよい星

天星ナンバー

60

頑張り屋で気遣いもできる「ザ・空」タイプ

ナンバー1を目指して一生懸命頑張る人です。前に出たがる性格ですが、周りに気を遣うこともできるので、年上から気に入られることが多いでしょう。頼まれると断れないため、いつもやることが山積みに。ときには息抜きをして、自分を取り戻しましょう。

こんな星が入ってる

- ★「いいね！」されたい星
- ★ お人好しの星
- ★ 古風の星

SKY

YEARLY FORTUNE

2024年
空の運勢

THEME

“光に向かって
殻を破りたい年”

総合運

TOTAL

2024年は今までの考え方や、やり方から脱却するといいとき。何があってもあなたは大丈夫。自らの殻を破ることを恐れず、将来の自分のために必要な選択をしていきましょう。悩みは1人で抱えず人に相談を。勇気を出せば必要な場所にたどりつけます。惰性で続けている関係や、もう必要ないものは手放すこと。2025年以降パワフルに進んでいくために、2024年は着々と環境を整えリセットを。強い意志を大切に、状況を冷静に見つめるようにしてみてください。不調はしっかりケア。

恋愛運

LOVE

心が乱されやすい年。恋の沼にハマらないように、思い込みやこだわりを手放すことがカギになりそう。些細なケンカにも注意。スピード発展よりじっくり積み重ねて。よく考えて行動すればトラブルを回避できます。自分を大切にしましょう。

仕事運＆金運

WORK & MONEY

スムーズに進んでいたことがうまくいかず、苦労する可能性も。人に騙されやすい運気です。進展のない話は一旦保留に。焦りからミスが増えがち。To Doリストで失点を防いで。うまい話に食いつかず、土台をしっかり固めて一からスタートを。金運は高め。プチラッキーがありそう。

2024年の運気バイオリズム

再挑戦できる月
- 縁ある人と再会
- チャンス到来
- 経験を活かせるとき

吉凶混ざり引きが強い月
- 自信をもって行動
- プチセレブ感
- 注目が集まる

振り返ってみる月
- 楽しんでみる
- 穏やかな雰囲気
- 最後の決断

運気が低迷する月
- 健康面に影が
- 頑固はNG
- 流れに身を委ねる

八方塞がりになりやすい月
- 謙虚さを大事に
- 決めつけない
- じっくり煮詰める

リセットの月
- 判断ミス
- 縁が切れる
- 爆発しやすい

新スタートの月
- 新発見
- チャレンジする
- 直感が戻る

2023年　2024年

秋　冬　春

☀（光）と☁（影）のときは、
P.027のような性質が
それぞれ出てきます。

物事を見直す月
・体調を崩しやすい
・準備の時期
・少し休憩

決断する月
・直感に従う
・人生が変わる
・軸を定める

メンテナンスの月
・体調管理を第一に
・メンタルダウンに注意
・癒しを大切にする

努力が報われる月
・変化がある
・力を発揮できる
・夢が膨らむ

誘惑が多い月
・調子にのりがち
・足腰を温める
・決断はNG

再挑戦できる月
・縁ある人と再会
・チャンス到来
・経験を活かせるとき

吉凶混ざり引きが強い月
・自信をもって行動
・プチセレブ感
・注目が集まる

夏　　秋　　冬

赤（偶数年生まれ）

RED

6

ツキを味方にできる年。自分の力が発揮されるとき。やりたかったことにチャレンジしたり、素直な願いを口にしてみて。大きな変化もあるでしょう。努力が足りなかった人も巻き返しのチャンス。目標を絞ってペースを上げていきましょう。

決断運	★★★★★
人間関係	★★★☆☆
健康運	★★★★☆
金運	★★★☆☆

＼あなただけの／
光の月 4月、7月／影の月 9月、10月

43　49

パワフルに動き回れる年。直感も冴え、何かをリセットし、大きく変化する人も。好奇心を刺激されることにはどんどん挑戦してみましょう。過去のこだわりを捨て、積極的に人と交流することで新しい自分を発見できるかもしれません。

決断運	★★★★☆
人間関係	★★☆☆☆
健康運	★★★☆☆
金運	★★★☆☆

＼あなただけの／
光の月 8月、11月／影の月 1月、2月

54　55　60

目的を決めて、踏み出す年。これからの数年を左右する大きな決断を迫られる大事な時期です。直感が働くときなので、今やっていること、考えていることに自信をもって突き進みましょう。自分の軸を定めることで今後の運気もアップするはず。

決断運	★★★★★
人間関係	★★★★☆
健康運	★★★☆☆
金運	★★★★☆

＼あなただけの／
光の月 6月、9月／影の月 11月、12月

白（奇数年生まれ）

WHITE

6

過去の疲れが出やすく、メンタルもダウンしがちに。無理せず休むことが重要です。不安な気持ちになったときは相手の欠点を受け入れることが危機を乗り越えるカギ。焦らずに、自分磨きが開運に。

決断運	★★☆☆☆
人間関係	★☆☆☆☆
健康運	☆☆☆☆☆
金運	★★★☆☆

＼あなただけの／
光の月 5月、8月／影の月 10月、11月

43　49

2024年は物事がリセットされやすい時期。未練や執着を断ち、悪い習慣を手放してみて。直感は外れやすいので、言動にも注意。反論は控え、謙虚な姿勢でいると、乗り切れます。

決断運	★☆☆☆☆
人間関係	★★☆☆☆
健康運	★★☆☆☆
金運	★★☆☆☆

＼あなただけの／
光の月 9月、12月／影の月 2月、3月

54　55　60

物事を見直すタイミングです。家計の見直し、住まいの点検など、無駄を省き、見栄を張らず、お金をかけるところを間違えないように。家族を大切にし、感謝の気持ちを高めて。足腰の強化もポイント。

決断運	★★☆☆☆
人間関係	★☆☆☆☆
健康運	★★☆☆☆
金運	★★★☆☆

＼あなただけの／
光の月 7月、10月／影の月 1月、12月

2023 11 November
再挑戦できる月

今月の開運メッセージ

今月は過去と関わりが深い人や物が幸運を運んでくる時期です。今までうまくいかなかったことももう一度やってみると、リベンジを果たせそう。あなたがこれまで生きてきた中で、どんなときに幸せや喜びを感じていたかをじっくり振り返って、書き留めてみるのもおすすめ。そこに、今後の人生を豊かに生きるヒントが見つかるはずです。

今月の開運行動

1. 昔観た映画を
もう一度観てみる

2. 久しく会っていない友達に
近況を聞いてみる

3. 故郷の料理や
名産品を食べる

天星ナンバー別
今月のお言葉

あなたの
天星ナンバー
をチェック!

RED

赤（偶数年生まれ）	天星ナンバー	白（奇数年生まれ）
ネガティブな心とは縁を切り、どんな相手にも丁寧に接しましょう。周囲を変えようと思わずに、自分が変わる意識をもつと周りも変化。	6	自分のためではなく誰かのために動くイメージで、何があっても決めつけないこと。体調が不安定な時期なので、健康管理も徹底を。
周囲から注目が集まりそう。柔らかな態度で接して。苦しい道を選ぶと大切な変化が入ります。良質なものを買うと運気アップ。	43 49	旧友と連絡を取ったり、思い出の料理を食べたりすると開運につながります。親孝行や先祖の供養もいい流れを呼びこみます。
不安や不満を感じても、流れに任せてしまってOK。映画や読書で気分を紛らわせて。信頼できる人に相談するのもいいかも。	54 55 60	1年を振り返り、やるべきこと、忘れていることはしっかり確認し、終わらせるように。苦手なことも楽しみながら取り組むと吉。

2023 12 December 吉凶混ざり引きが強い月

今月の開運メッセージ

人間関係を今まで以上に豊かにしていくことを心がけるといい時期。周りをよく観察して、思いやりをもって行動しましょう。人と話す中で胸に響く言葉があれば、それが今のあなたに必要なメッセージです。いろいろな人と交流することで新しいものの見方ができるようになり、成長にもつながるはず。自分1人では達成できないことも､仲間と一緒なら叶えられるでしょう。

今月の開運行動

1. リラックスできる時間を設ける
2. 毎日使う化粧品をちょっといいものにする
3. 責任感をもちやるべきことは懸命に

天星ナンバー別 今月のお言葉

あなたの天星ナンバーをチェック!

RED

赤（偶数年生まれ）

6
新年が近づくにつれ運気が上昇。新たなチャレンジや努力、学びは追い風になります。まずはTo Doリストを作成してみて。

43・49
悩みの種はできるだけ早いうちに解決して。穏やかな気持ちで年を越しましょう。月末は時間に余裕をもって動くと◎。

54・55・60
じっくりと慎重に行動すれば、トラブルを避けられそう。今できることを誠実に。謙虚に、落ち着いて過ごすことが好運のカギ。

白（奇数年生まれ）

6
無理をすると感情が爆発するかも。去るものは追わずという気持ちで手放しましょう。部屋を片付けるとスッキリした気持ちに。

43・49
周りの状況をよく見て、思いやりをもった行動を心がけて。資格の勉強など、スキルアップのための自己投資は惜しまずに。

54・55・60
前に出るのではなく、後ろに控えるくらいの態度で開運。趣味嗜好に変化があったら、その世界を広げてみるのも良さそう。

2024 1 January 振り返ってみる月

今月の開運メッセージ

1年の始まりですが、今月は何かを解き放つときでもあります。今、執着している人やことがあるならそれを手放し、頭を悩ませるような関係は終わらせましょう。勇気が必要ですが、思い切って断ち切れば心もすっきりするはず。あなたから離れていく人もいるかもしれませんが、追いかけなくて大丈夫。将来きっと「すべてこれでよかった」と気づくでしょう。

今月の開運行動

1. やり残しがないか振り返り
あれば月内に片付ける
2. 初心を思い出して
まっさらな気持ちで取り組む
3. 力を抜いてリラックスし
楽しむ気持ちを大切にする

天星ナンバー別 今月のお言葉

あなたの天星ナンバーをチェック!

RED

赤（偶数年生まれ）	天星ナンバー	白（奇数年生まれ）
昨年手を抜いたことを見直すと、いい年のスタートが切れそう。体調を崩しやすい時期なので、からだを温めたり、ヨガやストレッチでケアをして。	6	変化を恐れず、何事もポジティブに取り組むといい月。自信がなくなるときこそ、毎日「私は大丈夫」という言葉を唱えるとトラブル回避。
これまでの不摂生のつけが出やすい時期。寒さに負けない体力づくりを。丁寧な暮らしを意識し、親族への気配りが高評価。おもてなしを大切に。	43 49	心身ともに安定した年明けです。決断は中旬までに。早めの行動が吉となります。後半は足元に注意し、身の回りを整理整頓。
悪習慣を改めるのに適した時期。無理をしていることや、不要なものから離れて、身軽な気持ちで1年をスタートさせましょう。	54 55 60	挑戦するより自分を見つめるといい時期。勘違いしやすいので、なるべく考えすぎず素直に。普段の自分と逆の選択をすると、スムーズにいく予感。

2024 2 February 運気が低迷する月

今月の開運メッセージ

流れに身を任せるといい時期。何でも自分の思い通りにコントロールしようとせず、穏やかな気持ちで一歩引いたところから見守る方が物事がうまく進むでしょう。周りの人のことをよく考えて、どんなときも感謝の気持ちを大切に。人を幸せにすることを心がけてください。また、体調を崩しやすいときでもあるので、無理せず、こまめに休息をとりましょう。

今月の開運行動

1. ルーティンにとらわれず
変化を楽しんでみる

2. 去る者は追わずの気持ちで
おおらかに構える

3. 心と脳を柔軟にして
新しい発見を取り入れる

天星ナンバー別 今月のお言葉

あなたの天星ナンバーをチェック!

RED

赤（偶数年生まれ）		白（奇数年生まれ）
直感が冴える時期なので、人生の大きな決断をするなら、今月のうちに。人のいいところを積極的に取り入れて、髪型や服装など、イメチェンも吉。	6	これからの成長のために、課題を意識して過ごすといい時期。今やっていることを見直したり、今後に向けての準備に力を注いでみて。
あれこれ挑戦するより、じっくり自分を見つめるとき。頑固さを手放し、人の意見を受け入れるとあなたの魅力もアップ。合言葉は奉仕の心。	43 49	趣味嗜好が変わりやすい月。いつもと違ったものに目が向くので、自分の幅を広げる機会に。予想外の出来事も、いい経験と思って受け止めて。
直感が戻り、目の前のモヤが晴れ始めます。いきなりスタートダッシュをするのではなく、変化を意識して怖がりすぎずゆっくり前に進んでみて。	54 55 60	あなたの波長が切り替わる月。しっくりこなくなってきたものは手放して正解です。今後の運気安定のカギは、家族や大切な人に尽くすこと。

2024 3 March 八方塞がりになりやすい月

今月の開運メッセージ

謙虚な気持ちを大切にしたいとき。今月は運気が乱れやすい時期なので、周囲の人とのコミュニケーションもちぐはぐになりやすく、自分の思い込みで突き進むと足並みを乱してしまうかも。自分から周りの人に合わせるよう心がけてみてください。また、会話をするときも、相手が伝えようとしている意図をしっかりくみ取れるよう、聞き役に回るといいでしょう。

今月の開運行動

1. ゲーム感覚で
倹約やポイ活を楽しんでみる
2. 思いやりを忘れずに
小さな気配りで周囲を癒す
3. 自分が本当にしたいことを考え
優先順位をつける

天星ナンバー別 今月のお言葉

あなたの天星ナンバーをチェック!

RED

天星ナンバー	赤（偶数年生まれ）	白（奇数年生まれ）
6	溜まった疲れをリフレッシュする、メンテナンスの時期。じっくり心身を整えることで来月以降勢いにのることができます。時には自分にご褒美を。	自分を変えたいと思っているなら今がチャンス。大きな決断だと肩肘を張らず無理をしない程度に自己改革を。同時にメンテナンスも。
43・49	あなたの波長が変わる月。今の気持ちに合うものを取捨選択してみて。予想外の試練は成長の材料。部屋の掃除や空気の入れ替えでスッキリと。	初心を思い出してスタートを。挫折を感じて、できない自分を否定するより、頑張った自分をほめてあげて。そこから学ぶことで実力もアップ。
54・55・60	理想の自分を想像して、成長のために必要なことをリストアップしてみましょう。この機会に生活リズムを整えると、来月以降運気が上昇。	本来のエネルギーや直感がゆっくり戻ってくるとき。初めてのことでも恐れずトライすると可能性の広がりに。引っ越しや模様替えにもツキあり。

2024 4 April リセットの月

今月の開運メッセージ

身軽になるほどあなたにふさわしいものが新しく入ってくるので、必要ないものを処分するといいタイミング。人間関係でも別れがあるかもしれませんが、執着しないことが幸運につながるでしょう。また仕事でもプライベートでも人と約束したことはきちんと守り、報告・連絡・相談といった基本的なコミュニケーションを大切にしましょう。

今月の開運行動

1. 自分の発言に責任をもち
率先して行動する

2. 優しい言葉遣いを心がけ
誰に対しても丁寧に接する

3. 自分の欠点から目をそらさず
改善方法を考える

天星ナンバー別
今月のお言葉

あなたの天星ナンバーをチェック!

RED

赤（偶数年生まれ）　／　白（奇数年生まれ）

6

赤：プレゼントやおごられ運などラッキーがあっても、素直に受け入れられず、悲観的になりやすい月。自分磨きに力を入れ、もっと笑顔で“大丈夫”。

白：心にもやがかかりやすく、考えこみやすい月。なるべく癒しの時間をもち、心身を労ることを心がけて。大切なものは守れるように。

43　49

赤：人生のシフトチェンジの月。情報のアンテナを張って、フットワークを軽くすると上昇気流に。引っ越しやイメチェンもGOOD。

白：もやもやした気分を断ち切り、前に進むエネルギーが入ってきます。無神経な人もいますが、先を急がずゆっくり変化を。不調は軽視しないように。

54　55　60

赤：人生を左右する決断をするなら今月が吉。決めたことは曖昧にせず、最後まで実行して。オン・オフのメリハリをつけるのも大切。

白：立ち止まらず、一歩ずつ進む時期。失敗は成長の種。あきらめずに努力することが幸運を呼び込みます。出会い運もあるので積極的に交流を。

2024 5 May 新スタートの月

今月の開運メッセージ

これまで低迷していた運気が、今月から少しずつ回復し始めます。この数カ月大変な思いをしたかもしれませんが、そこから幸せになるための教訓をたくさん得たはず。人からもらったアドバイスや耳に痛い言葉も素直に受け止めて、成長の糧にしましょう。「ここからまた新しい始まり」という気持ちで、今月は何事にも前向きな気持ちで迷わず進んでください。

今月の開運行動

1 ゴミ箱がいっぱいになる前にゴミを捨てる

2 苦手なことやジャンルにあえて挑戦してみる

3 どんなことでも焦らず腰を据えて取り組んでみる

天星ナンバー別
今月のお言葉

あなたの天星ナンバーをチェック!

RED

赤（偶数年生まれ）	天星ナンバー	白（奇数年生まれ）
小さなミスを連発しそう。手を抜かず、準備や確認をしっかりと。太りやすい時期なので、食べ過ぎには注意。努力の継続が開運に。	6	うれしい変化が起こる月。身の回りの小さな喜びに目を向けて、幸せを感じる時間をたくさん作ってみて。頑張ってきた自分にご褒美も。
今のあなたはゆるやかな成長過程。挑戦中のことも諦めずに努力することで幸運を呼び込みます。ナチュラルな服装やメイクが魅力に。	43 49	不安を感じても、“大丈夫”。小さなつまずきはあなたを救うヒントです。必要ないものを整理整頓。自分にご褒美をし、未来に向けて路線変更を。
頑張ろうとする心に、体がついていかない暗示。無理していないか自分に問いかけて。休息時間を意識的に作ると◎。おしゃべりでストレス発散を。	54 55 60	自分の軸が定まる月。叶えたい夢があるなら、しっかり計画を立ててみるといい流れにのれます。ダイエットのスタートにもGOOD。

2024 6 June 物事を見直す月

今月の開運メッセージ

ゆっくり過ごしたい時期。来月からますます忙しくなりそうなので、それに備えて、今月はなるべく体力温存に努めましょう。ダラダラと仕事や勉強をしたり、睡眠時間を削って無理をして頑張ったりということがないように。自分が成長するための課題にじっくり向き合いましょう。スムーズにいかないときは、普段の自分なら選ばない方法が突破口になるはずです。

今月の開運行動

1. 行動するときと、のんびりするときのメリハリをつける
2. 結果より過程を重視してチャレンジしてみる
3. アドバイスを素直に聞いて謙虚な姿勢で学ぶ

天星ナンバー別
今月のお言葉

あなたの
天星ナンバー
をチェック!

RED

赤（偶数年生まれ）	天星ナンバー	白（奇数年生まれ）
少しずつ悩みは解放へ。あなたを救う人との出会いも訪れそうな運気。一度諦めたことに再挑戦するのもおすすめ。	6	落ち着いて行動したい月。準備や確認をしっかりすることでトラブルを防げます。誘惑やうまい話には注意し、何かあったら周囲に相談を。
勇気があなたを変えるとき。転職や告白、大きな買い物など、これだ！と思ったら、自分を信じて選択を。良質な睡眠で判断力もアップ。	43 49	ゆっくりでも前進し続けることが大事な時期。今は目に見えなくても、あなたの努力は成功の種になっています。人脈を広げておくと◎。
いい変化が期待できそう。ポジティブな言葉を使うと、自然といい結果がついてきます。「ありがとう」の気持ちをいつも忘れずに。	54 55 60	自分を過信せず、体と心のSOSに耳を傾けましょう。想いは丁寧に伝えて。好きな香りや音楽に包まれるとパワーチャージに。整理整頓も効果的。

2024 7 July 決断する月

今月の開運メッセージ

柔軟性を大切にしたい月。人に対して傲慢な態度をとったり、自分の都合に合わせて話を解釈していたりすると、人間関係のトラブルにつながります。言葉遣いもキツくなりやすいので、感情をコントロールすることを心がけてください。ストレスをためないためには、良質な睡眠がカギに。寝具にこだわってみるのもいいでしょう。

今月の開運行動

1. どんなときでも笑顔を忘れず周囲に優しく接してみる
2. わがままを封印して周囲の意見を聞いてみる
3. 視野を広くしていろんなアイデアを取り入れる

天星ナンバー別 今月のお言葉

あなたの天星ナンバーをチェック！

RED

赤（偶数年生まれ）	天星ナンバー	白（奇数年生まれ）
臨時収入や良い情報が入るなど、明るいきざしが見える月。中旬からは、焦らず行動を。ミスやケガには注意し、気を引き締めて。	6	懐かしい場所や人に救われる暗示。苦しみや悲しみに飲み込まれずにうれしかったことを思い出して。イメチェンもあなたを成功へ導きます。
頑張ったあなたには癒しが必要なとき。少し高価な入浴剤を使ったり、マッサージに行くなど小さな贅沢も◎。モヤモヤしたら深呼吸を。	43 49	意思表示がテーマの月。何事も頑固にならず、広い視点から選択することで今後の可能性が広がります。身の回りの整理整頓も運気アップに。
スタミナが切れて、小さなミスを連発してしまいそう。勘違いや早とちりをしやすい時期だと心得て、1つひとつの作業を丁寧に。	54 55 60	天からの光があなたを包む月。苦手なことも楽しんで取り組めば、難なくクリアできそう。人から応援されたら、感謝を言葉で伝えるように。

2024 8 August メンテナンスの月

今月の開運メッセージ

暮らしを整えることを心がけるといい時期。今月は運気がやや低迷するため、今無理をするとケガや不調につながりやすくなります。自分の状態を把握しながら、体調管理を第一に過ごしましょう。朝起きたら部屋の空気を入れ換えて、身の回りの掃除をするのもオススメです。スッキリした暮らしをスタートさせることが運気アップにつながるでしょう。

今月の開運行動

1. To Doリストを作成して全項目を達成する
2. 周囲のサポートに感謝し気持ちを言葉にして伝える
3. 生活リズムを見直してよい習慣を取り入れる

天星ナンバー別 今月のお言葉

あなたの天星ナンバーをチェック!

RED

赤（偶数年生まれ）／白（奇数年生まれ）

6

赤：感情に振り回されず、穏やかに過ごしたい時期。つらいときこそ笑ってみましょう。自分の幸せを、周りにおすそ分けするイメージで。

白：やりたかったことに取り組むと順調に。予期せぬ出費がありそうですが、楽しいこと癒されることにお金を使って。夢の実現に向けて自己投資も◎。

43・49

赤：自分から動くほど運を呼び込む月。言霊《ことだま》の力も働くので、「私はできる」「幸せ！」と口に出してみて。全力を尽くせば応援も得られるはず。

白：自分時間を大切にしたい時期。ストレスを感じやすくなるので、自分を癒すことを第一に考えて。与えられた仕事は早めに片づけて吉。

54・55・60

赤：今までの経験を活かして再チャレンジするとうまくいきそう。懐かしいことや、今までやってきたことの見直しにも適しています。

白：気分が変わりやすい月。判断力も鈍るので、ケアレスミスに注意。重要なことは周囲と協力して決断。「ありがとう」とたくさん言うと幸せ体質に。

2024 9 September 努力が報われる月

今月の開運メッセージ

今月は頑張りの成果が出るとき。今まで諦めずに頑張ってきた人ほど、大きなチャンスがめぐってくる予感。バイタリティも十分備わっている時期なので、勝ち負けや「失敗するかも」といった小さなことは気にせず、勇気を出して挑戦しましょう。その姿勢が幸運を引き寄せます。夢に向かって積極的に突き進むあなたの姿を、周囲の人も温かく応援してくれるでしょう。

今月の開運行動

1. 趣味や偶然の縁で会った人にメッセージを送ってみる
2. 髪型やメイクを新しくしてイメージチェンジする
3. 自分を労る時間を作り好きなことをして過ごす

天星ナンバー別 今月のお言葉

あなたの天星ナンバーをチェック!

RED

赤（偶数年生まれ）	天星ナンバー	白（奇数年生まれ）
頭で考えるよりも心に働きかけることを意識しましょう。もっと柔軟に、あなたが本当に望んでいることに注目。人のいいところを見る努力を。	6	ボランティアにツキあり。フォローや人助けで運の貯蓄を。心をクリアにしたいときは思い切った取捨選択で気分スッキリ。
気分が変わりやすいとき。一時的な感情で動かないよう、判断する前にひと呼吸おいてみて。悩んだら、信頼できる人に相談するのがベスト。	43 49	あなたの中にあるエネルギーが目覚め、なんでもできるとき。勝ち負けにこだわらず、純粋な気持ちで取り組むと、天から力が得られます。
自分の可能性を広げたり、自分に投資したりすると運気アップ。今月の頑張りが将来の土台となるため、スキルアップに集中して。	54 55 60	言葉が力をもつ月。なるべくポジティブに。叶えたいことを口にすると気持ちも高まります。積極的な行動にツキがあるので気になる人に連絡を。

2024 10 October 誘惑が多い月

今月の開運メッセージ

気持ちが揺れやすい時期。いっときの気の迷いから本当に大切な人を傷つけるようなことがないよう、言動には注意してください。言葉巧みにおだててくる人より、少々厳しいことを言ってくれる人の方があなたのためになります。気を引きしめてアドバイスを受け取りましょう。今月は大きなアクションは起こさず、大事な決断や行動は来月以降に回してください。

今月の開運行動

1. おいしい話に惑わされないよう自分を律する
2. 人に迷惑をかけないよう立場を考えて行動する
3. 教養を高める本を読んだり資格の勉強をしたりする

天星ナンバー別 今月のお言葉

あなたの天星ナンバーをチェック!

RED

天星ナンバー	赤（偶数年生まれ）	白（奇数年生まれ）
6	気持ちに余裕がなくなるとペースダウンに。人に期待しすぎずに、今月はゆとりをもち、1つひとつ丁寧に進めてみて。	流れに委ねるといい月。調子が崩れることがあるかもしれませんが、コツコツ取り組むことを大切に。頑張っている自分を労ろう。
43・49	これまでのキャリアが輝く月。過去の経験や人脈があなたの可能性を広げてくれそう。リベンジ運もあるので、叶わなかった夢に挑んでみて。	おいしい話に要注意。安請け合いは控えて。あなたの選択で運命は変化。ケガもしやすいので、落ち着いて行動を。
54・55・60	小さな幸せを大切にしたい時期。努力が評価されたからといって調子にのると、運気が一気に下降します。謙虚さを大切に。	引き寄せパワーが高まる月。自分を信じて行動すると、いい結果がついてきます。金運もいいので、スキルアップのための自己投資を。

2024 11 November 再挑戦できる月

今月の開運メッセージ

誰に対しても分け隔てない態度が幸運のカギとなるときです。人によって態度を変える、適当に取り繕って相手に合わせるといったことをしていると、信用を失うかも。どんなときも誠実さを大切に、人と接しましょう。心を許せる人たちと過ごす時間を増やすようにすると、自然と元気が出て、笑顔になれるはず。少々大変なことがあっても乗り切れるでしょう。

今月の開運行動

1. メールやメッセージが届いたらすぐに返信する
2. 先入観をもたず、フラットな気持ちで物事を見極める
3. 理想の人物の魅力を考えて真似してみる

天星ナンバー別 今月のお言葉

あなたの天星ナンバーをチェック!

RED

天星ナンバー	赤（偶数年生まれ）	白（奇数年生まれ）
6	憧れの人や成功したり、幸せそうな人の言葉の中に、あなたを救うヒントあり。反発より柔軟な対応を。変化を恐れず自分を信じる気持ちを大切に。	今月は無理をせず、体調管理を優先。体を温め、胃腸にやさしい食事をしましょう。焦りは手放し、リラックスする時間を大切に。
43・49	ワンランク上の自分がテーマ。少し高めの目標を掲げて行動すると、期待以上の結果に。スキルアップのための自己投資が、理想の未来に。	見返りを求めない行動が幸運を呼び込む月。あなたを救ってくれる人が現れることも。「レスポンスは早めに」で運気アップにつながります。
54・55・60	つらいことや悲しいことがあっても、頑固になるのはNG。学ぶ姿勢を大切に、控えめに過ごしましょう。体調の変化にも注意して。	家族や仲間と楽しく過ごせるとき。いい評価は周囲と分かち合うほど、のちに好運をまねきます。重要なことを先に終わらせることが吉に。

2024 12 December 吉凶混ざり引きが強い月

今月の開運メッセージ

自信をもって行動していれば、レベルアップが叶う時期。習い事やジムでのトレーニングを始めるなど、自己投資をするといいでしょう。自分を磨く過程で、行動範囲や可能性も広がっていきます。一方で「自分には厳しくても、人には優しく」を心がけて。人望が集まる時期でもあるので、物腰を柔らかくすると、さらにたくさんの人が周りに集まりそうです。

今月の開運行動

1. 誰に対しても優しく振る舞い
思いやりを忘れない

2. 選択に迷ったら
苦手で難しい方を選んでみる

3. 何かを決めるときは周囲の
意見を聞いてからにする

天星ナンバー別 今月のお言葉

あなたの天星ナンバーをチェック!

RED

赤（偶数年生まれ）	天星ナンバー	白（奇数年生まれ）
挑戦やイメチェンに適した時期。理想の自分をイメージして新しい習慣を始めると、新年を気持ちよくスタートできそうです。	6	周囲にいる人を幸せにできるように行動したい月。悪い縁やネガティブな考えは手放して、良縁を大切にしましょう。自分が変わる意識で。
何事も楽しむことがテーマ。日常のワクワクを集めるほどラッキーが舞い込みそう。年末は家族や仲間との時間を大切に。節約や貯金も吉。	43 49	プチ贅沢がテーマの月。上質なものを身につけたり、一流のものに触れたりすることで運も上昇。今よりワンランク上をめざしてみましょう。
自分よりも人を優先させるイメージで過ごすといい月。日記やメモをとるなど、今の自分に何ができるかを考えてみて。あなたなら大丈夫。	54 55 60	否定や不満が出やすく、誤解されたり乱れやすい時期。自分を守りすぎず、コミュニケーションをとり人の意見を受け入れ、感謝の気持ちを大切に。

SKY

2024年
日々の
開運メッセージ

Daily Fortune Message

先々を見通してみたり
その日がどんな日なのか調べてみたり
日々の過ごし方や考え方の
参考にしてみてくださいね。

運気キーワード

KEYWORD

《 吉凶日 》

天赦日

「天が赦す日」と書くように、神様がすべての罪を赦し、障害が取り除かれる日とされています。一粒万倍日より数が少ない大吉日。結納や婚姻届の提出など、結婚にまつわることを行うのによく、新しいことを始めるのにもいい日です。

一粒万倍日

「一粒の種子が万倍にもなって実る」という意味をもち、何かを始めるのにいい日とされています。財布の新調にも最適。ただし、人からお金やものを借りると、万倍に膨らみ凶となるため注意してください。

不成就日

要注意日。何事も成就しない、悪い結果を招いてしまう日とされています。結婚、開店、起業など、新しいことを始めるのは避けた方がいい日です。

『吉日と不成就日が重なる場合には、あまり新しい行動を起こさない方がベター。』

《 月の満ち欠け 》

● 新月

新しいスタートを切るのにいいとき。新しいものを買うのにもいい日とされています。

◐ 上弦

新月から満月へと満ちていくとき。判断力や決断力が高まっているときで、積極的な行動を起こすのに適した日とされています。

◑ 下弦

満月から新月へと欠けていくとき。物事をリセットしたり、デトックスしたり、感情のリセットなどにも向く日とされています。

○ 満月

不要なものを手放すのにいい日とされています。

PHASES OF THE MOON

2023 11 November

毎日の運気をチェック!

再挑戦できる月

DATE			
1	Wed.		個人行動は控えて、周りの人と協力し合おう。
2	Thu.		臨時収入がありそう。交友関係を深めるために奮発。
3	Fri.		オフの時間を充実させると仲間のありがたさを実感。
4	Sat.		思い通りにいかない日。やることリストを作って。
5	Sun.	◐	知識不足に気づくことも大事。成長のチャンスに。
6	Mon.		やり残したことがあるなら今日中に終えよう。
7	Tue.		活動的になるといい日。年末年始の予定を考えても。
8	Wed.	不成就日	いつもと違う発想をしてみると解決の糸口に。
9	Thu.		迷いがあるならまだ様子を見るとき。時機を待って。
10	Fri.		悔しい出来事があっても、カッとならないように。
11	Sat. 一の酉	一粒万倍日	励ましてくれる人がいたら、本音を聞いてもらおう。
12	Sun.	一粒万倍日	ルールを守ることが成功のカギ。忠告に耳を傾けて。
13	Mon.	●	疎遠になっている人に連絡すると耳よりな情報が。
14	Tue.		出費で財布が寂しくなる時期。収支をしっかり確認。
15	Wed.		書類の記入など手続きに関する作業を終わらせよう。

16	Thu.	不成就日	自分勝手な行動をしていると愛想をつかされるかも。
17	Fri.		自慢していると思われないよう、周りに配慮して。
18	Sat.		関係を続けられない相手には電話で思いを告げよう。
19	Sun.		起きたら空気の入れ替えを。さわやかに1日を始めて。
20	Mon.		友達と映画や音楽鑑賞をして、感想を伝え合おう。
21	Tue.		お願いするときは、相手の重荷にならないように。
22	Wed.		睡眠不足や食生活の偏りは、すぐに改善しよう。
23 二の酉	Thu.	一粒万倍日	ずっと行きたかった場所を訪れると運気アップ。
24	Fri.	一粒万倍日 不成就日	周りの目が気になる日。自分のことに集中すること。
25	Sat.		久しぶりの人から連絡が。年末年始に会う約束を。
26	Sun.		落ち着いた色味の服を着ると勝負強くなれそう。
27	Mon.		チームの人と積極的に会話をして、誤解を防いで。
28	Tue.		相手に合わせるとうまく進むとき。謙虚さが大事。
29	Wed.		手伝ってもらったときは感謝の言葉を忘れずに。
30	Thu.		大事な約束は、忘れてしまわないようすぐにメモを。

新月 上弦 満月 下弦

毎日の運気をチェック!

2023 12 December

吉凶混ざり引きが強い月

DATE			
1	Fri.		年末年始の予定は、なるべくお金をかけないように。
2	Sat.	不成就日	新しいことを始めるのは待って。今は情報収集を。
3	Sun.		大きな買い物は避けた方がよさそう。その分は貯金に。
4	Mon.		我慢し続けている不調があるならすぐに病院へ。
5	Tue.	一粒万倍日	作業がはかどる日。早く終わったら周りを手伝おう。
6	Wed.	一粒万倍日	冗談のつもりでも、相手の反応をよく見て話すこと。
7	Thu.	一粒万倍日	忘れていた約束を果たすと運気向上。相手も大喜び。
8	Fri.	一粒万倍日	前から興味があったことに挑戦してみると吉。
9	Sat.		プライベートが充実して大満足。次の目標を定めて。
10	Sun.	不成就日	コミュニケーション不足に注意を。人の話を聞こう。
11	Mon.		光熱費など、毎月の固定費に無駄がないか見直そう。
12	Tue.		忙しくてヘトヘトに。適度な休憩で気力をキープ。
13	Wed.		年明けの過ごし方を考えよう。友達の予定も確認。
14	Thu.		あまり話したことのない人と新たなご縁がありそう。
15	Fri.		年末年始のイベントに向けて準備を進めておこう。

16 Sat.		疲れやすい日。師走を乗り切るためにも体を休めて。
17 Sun.	不成就日	予想外の出来事に戸惑いそう。でも、結果オーライ。
18 Mon.		注意力散漫になりやすい日。目の前のことに集中。
19 Tue.	一粒万倍日	やり残したことがあれば、すぐに着手を。
20 Wed.	一粒万倍日	好きな人には、恥ずかしがらずに想いを伝えて。
21 Thu.		恋愛運が好調。クリスマスの予定を聞いてみて。
22 Fri. 冬至		自分よりも相手の希望を優先するとうまくいくはず。
23 Sat.		後回しにしていたことに着手。多忙でもやり遂げて。
24 Sun.		深い関係になれる相手かどうか、しっかり見極めを。
25 Mon.	不成就日	お世話になった人たちへの挨拶を忘れずに。
26 Tue.		仲間とこの1年を振り返ろう。反省は来年に活かして。
27 Wed.		新たな目標を書き出すと、やる気が湧いてくるはず。
28 Thu.		終わらなくても焦らず、できるところまで進めよう。
29 Fri.		今年もあとわずか。新年に向けて気合を入れて。
30 Sat.		浮かれ気分でいると、小さなミスをしてしまうかも。
31 Sun. 大晦日	一粒万倍日	家族や懐かしい友達と過ごすと、幸福な気持ちに。

● 新月 ◐ 上弦 ○ 満月 ◑ 下弦

2024

1 January

毎日の運気をチェック!

振り返ってみる月

DATE

1 Mon. 元日	天赦日 一粒万倍日		穏やかな元日。今年の目標を立てると夢に近づく!
2 Tue.	不成就日		周りに頼るのはやめて自分で考えることを心がけて。
3 Wed.			助けたくなっても、深入りしない方がいいかも。
4 Thu.		◐	失言がトラブルのきっかけに。気を抜かないように。
5 Fri.			リセットのタイミング。お正月気分から抜け出そう。
6 Sat.			目標達成に向けて、まずは初めの一歩を踏み出して。
7 Sun. 七草			気になっていたお店に出かけると出会いがあるかも。
8 Mon.			自分を過信せず、念入りに確認をしておくと安心。
9 Tue.			胃腸を休ませるといい日。遅くまで出歩かないように。
10 Wed.	不成就日		いい運を引き寄せられそう。幸せは分け合うと◎。
11 Thu.		●	ほめられても調子にのらず、謙虚でいよう。
12 Fri.			以前は難しかったことが簡単に思えたなら成長の証。
13 Sat.	一粒万倍日		一区切りつきそうな日。頑張った自分にご褒美を。
14 Sun.			休日だからと寝過ごさず、早起きすると充実しそう。
15 Mon.			告白されたら、じっくり様子を見た方がいいかも。

16	Tue.	一粒万倍日 不成就日	自己中心的な行動は控えて、自力で頑張ってみて。
17	Wed.		散らかった部屋は×。掃除がいい運を呼び寄せそう。
18	Thu.	◐	うれしいニュースに喜ぶ前に、真偽をしっかり確認。
19	Fri.		体調に気をつけたい日。無理していないかチェック。
20	Sat.		軽いノリで約束したり、決めたりすると後悔しそう。
21	Sun.		ストレスがたまったら、好きな香りで気分を変えて。
22	Mon.		積極的に動くと運気アップ。自分から誘ってみよう。
23	Tue.		いろいろな噂が入ってきても、鵜呑みにしないこと。
24	Wed.	不成就日	これまでに使った資料を見返すと役立つ情報が。
25	Thu.	一粒万倍日	友達やお世話になっている人にごちそうしよう。
26	Fri.	○	願いが叶いそう。喜びはみんなと分かち合って。
27	Sat.		周りに合わせる練習を。意外とうまくやれるはず。
28	Sun.	一粒万倍日	苦手なことにも一生懸命取り組むと、いい経験に。
29	Mon.		周りのせいにするより、自分の言動を振り返ろう。
30	Tue.		昔の友達から連絡がありそう。嫌なことは断って。
31	Wed.		作業がテキパキ進む日。やり残しがないか確認を。

● 新月 ◐ 上弦 ○ 満月 ◑ 下弦

2024 2 February

毎日の運気をチェック!

運気が低迷する月

DATE			
1	Thu.	不成就日	焦りは禁物。じっくりと確実な計画を練ってみよう。
2	Fri.		ゆっくり過ごすといい日。温かいお風呂で疲労回復。
3 節分	Sat.	◑	運気は好調だけど、調子にのらず誠実な行動を。
4	Sun.		ぼんやりしやすいので、普段以上に気を引き締めて。
5	Mon.		懐かしい写真や好きだった曲に触れて幸せな気分に。
6	Tue.		衝動買いすると後悔しそう。寄り道せずに帰宅して。
7	Wed.	一粒万倍日	穏やかに過ごせそうな日。何気ない毎日に感謝を。
8	Thu.		アートに触れると、いい刺激をもらえるはず。
9	Fri.	不成就日	甘い言葉で言い寄られても、疑った方がよさそう。
10	Sat.	●	邪魔が入りやすい日。相手に合わせてみるのも手。
11	Sun.		家にこもらず外出すると、気持ちもリフレッシュ。
12	Mon.	一粒万倍日 不成就日	いつも人を頼っているなら今日は自分で考えよう。
13	Tue.		直感が冴えるとき。自分を信じて決めるが吉。
14	Wed.		散歩やジョギングなど体を動かして汗を流そう。
15	Thu.		出会いを探して動くといい日。積極的に交流して。

16	Fri.		恋愛で悩んだら、モテる人のアドバイスを参考に。
17	Sat.	◐	同じ失敗をしないよう、慣れていることほど丁寧に。
18	Sun.		出費がかさみそう。来月に向けて計画的に貯金を。
19	Mon.	一粒万倍日	周りの人を思いやれる余裕のある大人をめざそう。
20	Tue.	不成就日	思い違いがあるかも。現実をそのまま受け止めて。
21	Wed.		事実と違うことがあれば、先輩や上司に相談を。
22	Thu.		悩んでいても解決しないなら、開き直る強さも必要。
23	Fri.		ヘアメイクを変えたり、模様替えをして心機一転!
24	Sat.	○ 一粒万倍日	自分の欠点を直す努力をすると、味方が増えそう。
25	Sun.		頼まれ事が増える日。張り切ってみんなをサポート。
26	Mon.		思い通りにいかなくても成長のためだと思って。
27	Tue.		問題が起こりやすいとき。明るい振る舞いが開運に。
28	Wed.	不成就日	サボっているとバレバレ。気を抜かないようにして。
29	Thu.		懐かしい人と再会するかも。焦らず関係を深めよう。

● 新月 ◐ 上弦 ○ 満月 ◑ 下弦

2024 3 March

毎日の運気をチェック!

八方塞がりになりやすい月

DATE			
1	Fri.		引きが強いとき。何かしてもらったらお礼を忘れずに。
2	Sat.	一粒万倍日	自分で挑戦したうえで、難しそうなら人に頼もう。
3 ひな祭り	Sun.		親切心が裏目に出そう。今日はおとなしく過ごして。
4	Mon.		やりたいことがあっても、今はじっくり温めるとき。
5	Tue.		誰かと行動するよりも、おひとりさまを楽しんで。
6	Wed.		少しずつ気力が回復。人と交流することで刺激も。
7	Thu.	不成就日	いろいろなことに興味をもって、視野を広げよう。
8	Fri.		投げやりになってはダメ。慎重に決断すること。
9	Sat.		疲れが溜まっていそう。今日は休んで明日に備えて。
10	Sun.	一粒万倍日	夢が膨らむ日。自分を信じれば力が出せるはず。
11	Mon.	不成就日	見落としややり残しがないか、しっかり確認を。
12	Tue.		わだかまりがある人と話し合うと、和解できるかも。
13	Wed.		無駄遣いしがちな日。本当に必要なものか考えて。
14	Thu.		正しいマナーを意識して、挨拶とお礼は忘れずに。
15	Fri.	天赦日 一粒万倍日	自分を癒す方法を見つけて穏やかに過ごせそう。

16	Sat.		ガマンすることも大切。過ぎ去るのを待ってみて。
17	Sun.		自分の失敗は自分で挽回するつもりで動くこと。
18	Mon.		最近ツイてなかった人ほど徐々によい流れが来そう。
19	Tue.	不成就日	立ち止まって、これまで進めてきたことを見直す日。
20	Wed.		自分が正しいと思っても、広い心で相手を立てて。
21	Thu.		疲労が蓄積。頭を空っぽにして休む時間を作ろう。
22	Fri.	一粒万倍日	いいことも悪いこともあるかも。自分の気持ち次第。
23	Sat.		うっかりに注意。外出するときは戸締まりの確認を。
24	Sun.		やる気が出ないときは、背筋を伸ばしてみよう。
25	Mon.		将来に向けて、貯蓄の計画を立ててみると◎。
26	Tue.		順調に進んでいるときこそ、謙虚な気持ちを大切に。
27	Wed.	一粒万倍日 不成就日	周りの人の力を借りたいときはTPOをわきまえて。
28	Thu.		うっかり失言しそう。話すより聞くことに徹しよう。
29	Fri.		やるべきことが多くても焦らなくて大丈夫。
30	Sat.		自分とタイプの違う友達の言葉からひらめきが。
31	Sun.		何事も経験。夢に向かって前向きに動いてみて。

新月 上弦 満月 下弦

毎日の運気をチェック!

2024 4 April リセットの月

DATE			
1	Mon.		考えすぎているかも。シンプルに捉えることも大切。
2	Tue.	◑	イライラしやすい日。可愛いもので癒されて。
3	Wed.	一粒万倍日	すれ違いを感じたら自分の発言や行動を振り返ろう。
4	Thu.	不成就日	誘惑が増えそう。予定にない買い物は控えて。
5	Fri.		普段連絡しない人にメッセージを送ってみると◎。
6	Sat.	一粒万倍日	自信をもって行動すると、理想の自分に近づける日。
7	Sun.		危うい場面でも、助けてくれる人がどこからか登場。
8	Mon.		疑い深くなりそう。人の言葉を深読みし過ぎないで。
9	Tue.	● 一粒万倍日 不成就日	やるべきことに集中。今日はまっすぐ家に帰ろう。
10	Wed.		過去への執着は捨てて、気持ちを切り替えていこう。
11	Thu.		仕事道具や長く使える物を購入すると良い日。
12	Fri.		いつものルーティンから離れてみると運気アップに。
13	Sat.		言葉をにごさず、素直に気持ちを伝えてみよう。
14	Sun.		日頃の疲れがどっと出そう。ゆっくり休んで。
15	Mon.		周りの人が我慢しているだけかも。態度を改めよう。

16	Tue.	◐		いい加減だと信頼をなくしそう。細部まで丁寧に。
17	Wed.		不成就日	久しぶりの友達からうれしい情報が入ってくるかも。
18	Thu.		一粒万倍日	運気は上々。大切な人と楽しい時間を過ごせそう。
19	Fri.			時間があるときに備蓄などを見直しておくと安心。
20	Sat.			予定通りに進まない日。落ち着いて行動するように。
21	Sun.		一粒万倍日	激動の１日。抵抗せず、流れに任せるのがベター。
22	Mon.			問題があるなら、根本的な解決に取り組むこと。
23	Tue.			行ったことがない場所やお店に出かけると開運に。
24	Wed.	○		夢や目標に向かって、少しずつ準備を進めよう。
25	Thu.		不成就日	決断する前に、周りの人から意見を聞いてみよう。
26	Fri.			想像以上に疲れ気味。マッサージを受けてひと休み。
27	Sat.			順調に進んでいても、気を抜かないようにして。
28	Sun.			あれこれ目移りしそう。欲張り過ぎないように。
29	Mon.			思い出の場所に行くと、ときめきがよみがえりそう。
30	Tue.		一粒万倍日	春らしいイベントやスポットでラッキーなことが。

● 新月　◐ 上弦　○ 満月　◑ 下弦

2024 5 May

毎日の運気をチェック!

新スタートの月

DATE			
1	Wed.		恋愛運が好調。思い切ってデートに誘ってみて。
2	Thu.		おせっかいは逆効果。トラブルには近寄らないこと。
3	Fri.	一粒万倍日 不成就日	気持ちが沈んだら、考えない時間を作るといいかも。
4	Sat.		連休を楽しみつつ、来週以降の計画も立ててみて。
5	Sun. 端午の節句		好き嫌いせず交流してみると、将来につながりそう。
6	Mon.		結果がどうであれ、まずは一歩を踏み出してみよう。
7	Tue.		周りの人に勇気をもらって、実行に向けてスタート。
8	Wed.		いざこざに巻き込まれそう。誰かに肩入れしないで。
9	Thu.		思い切って挑戦すれば、いい感触が得られるはず。
10	Fri.		週末の母の日の準備を。些細なことでも喜ばれそう。
11	Sat.	不成就日	何気なく見聞きする情報の中に宝物がある予感。
12	Sun.		何かと出費がかさみそう。買い物は最小限に。
13	Mon.		親しい人とも適度な距離を保つよう心がけると、吉。
14	Tue.		やることが裏目に。自分から動かない方がいいかも。
15	Wed.	一粒万倍日	気分が落ちたら、ポジティブな言葉を発してみて。

16	Thu.	一粒万倍日	予定変更があっても時間ができたと前向きに解釈。
17	Fri.		模様替えでリフレッシュ。居心地のいい住まいに。
18	Sat.		軽い運動を始めると、体の不調が解消できそう。
19	Sun.	不成就日	月末に向けてプライベートも仕事も段取りを考えて。
20	Mon.		長時間の作業をするときはこまめに休憩を挟むこと。
21	Tue.		友達や同僚など、恵まれた人間関係を実感しそう。
22	Wed.		食事や飲みに行くならよく知っているお店がベスト。
23	Thu.		古い物をリメイクやリフォームすると運気アップに。
24	Fri.		うれしいプレゼントには、心をこめてお礼をしよう。
25	Sat.		周りの優しさに感謝。謙虚な姿勢を忘れないように。
26	Sun.		無理に周囲に合わせず、自分のペースを貫こう。
27	Mon.	一粒万倍日 不成就日	トラブル対応に追われそう。乗り越えて実力アップ。
28	Tue.	一粒万倍日	身だしなみや身の回りを整えれば気持ちもスッキリ。
29	Wed.		忙しくなりそうな日。動けば動くほど身になるはず。
30	Thu.	天赦日	予定を詰め過ぎず、準備の時間に充てるとGOOD。
31	Fri.	◗	無理だと決めつけず、やってみると成長できそう。

● 新月 ◐ 上弦 ○ 満月 ◗ 下弦

2024 6 June

毎日の運気をチェック!

物事を見直す月

DATE			
1	Sat.		やりたいことがたくさんあっても今日は体力温存を。
2	Sun.		これまでの努力が報われそう。喜びをかみしめて。
3	Mon.		ぼんやりするかも。慣れたことでも気を抜かないで。
4	Tue.	不成就日	昔からの友達と近況報告。いい刺激がもらえそう。
5	Wed.		新しいことが始まりそう。忙しいけど夢が膨らむ日。
6	Thu.	●	対人運が好調。信頼関係を築くならマナーを大事に。
7	Fri.		行き違いが起こりそう。1人で考える時間をもって。
8	Sat.		難しい問題も、粘り強く自分で取り組んでみよう。
9	Sun.		返し忘れややり残しがあるなら、今日中に片づけて。
10	Mon.	一粒万倍日 不成就日	最新グッズや未体験のものを試してみると開運に。
11	Tue.	一粒万倍日	楽を求めず、一生懸命取り組めば成果が出るはず。
12	Wed.		しっかり仕事をして、しっかり遊ぶ！ メリハリを。
13	Thu.		仲のいい人とのトラブルも本音で話し合えば解決。
14	Fri.	◐	お誘いが増えそう。本当に一緒にいたい人を優先。
15	Sat.		うわべだけで判断せず、中身や内面を重視しよう。

16	Sun.		過去の恋愛の失敗から学んだことを活かして。
17	Mon.		運に味方される日。自分の力を信じて行動しよう。
18	Tue.	不成就日	後回しにすると後が大変。やるべきことは今日中に。
19	Wed.		判断力が鈍りそう。余計な買い物はしないように。
20	Thu.		タイミングが合わない日。焦らずゆっくりいこう。
21	Fri.		実らない関係は整理することも視野に入れてみて。
22	Sat.	一粒万倍日	思い込みを手放せば、意外と相性のいい人が周りに。
23	Sun.	一粒万倍日	当たって砕けろ精神で、がむしゃらに進んでみよう。
24	Mon.		曖昧な態度はやめて、自分の意思をはっきり伝えて。
25	Tue.		オーバーワークに注意。やるべきことを整理しよう。
26	Wed.	不成就日	好きな人に近づきたいなら、まずは友達に相談を。
27	Thu.		安いからといって買い込んでいると結局無駄遣いに。
28	Fri.		懐かしい場所を訪れると、やる気が回復するはず。
29	Sat.		丁寧さが評価される日。恩返しを意識してみよう。
30	Sun. 夏越の祓		できるふりは禁物。見栄を張らず、正直でいよう。

新月 上弦 満月 下弦

毎日の運気をチェック!

2024 7 July

決断する月

DATE			
1	Mon.		人と比べて焦りを感じるかも。自分のペースでOK。
2	Tue.		欲張りになりそう。大切なものだけに絞ってみて。
3	Wed.		失くし物に注意の日。念のため予備を持ち歩くと安心。
4	Thu.	一粒万倍日 不成就日	これからの夏の予定を考えてみよう。出会いに期待。
5	Fri.	一粒万倍日	室内にこもるより、外に出て解放感を味わおう。
6	Sat.		つい強い口調や態度になりそう。周りに合わせて。
7	Sun. 七夕		ストレスがたまり気味。自分を癒す時間を作ろう。
8	Mon.	一粒万倍日	魅力が発揮できる日。明るい笑顔で積極的に!
9	Tue.		1つのことに夢中になり、ほかを疎かにしないように。
10	Wed.		一度の失敗で諦めず、何度でも挑戦してみて。
11	Thu.	不成就日	大切な人とゆっくり食事をする時間を作ろう。
12	Fri.		挨拶は開運の第一歩。誰に対しても忘れずに。
13	Sat.		意外な人から指摘があるかも。真摯に向き合おう。
14	Sun.		急かされても、きちんと考える時間を確保すること。
15	Mon.		初夏の疲れが出そう。冷たい物の食べすぎに注意。

16	Tue.			年下の後輩や友達から流行や最新情報を仕入れて。
17	Wed.		一粒万倍日	頭ごなしに否定せず、試してみるといい発見も。
18	Thu.			勘が冴える日。迷っていたことも決められるかも。
19	Fri.		不成就日	暑さによる疲れが蓄積。少し手を止めて休もう。
20	Sat.		一粒万倍日	運を味方につけられる日。自分らしくいた方が◎。
21	Sun.	○		ダラダラ過ごすより、思い切り遊んで楽しもう。
22	Mon.			自分の悪い癖が出るかも。最後まで気を抜かないで。
23	Tue.			欲しい物があっても、将来に向けての貯金がベター。
24	Wed.			気を張っていた人ほど、今日はのびのび過ごせそう。
25	Thu.			周囲が賛成しないなら挑戦しない方がいいかも。
26	Fri.			雰囲気に流されず、冷静に考えてから返事をして。
27	Sat.		不成就日	先延ばしにしていた問題をじっくり考えてみよう。
28	Sun.	◑		予定を整理して、いろんな場所に出かけてみて。
29	Mon.		天赦日 一粒万倍日	色々な価値観に触れて学びの多い日になりそう。
30	Tue.			優しい言葉遣いを心がけると、場もいい空気に。
31	Wed.			イライラしやすい日。1人で過ごした方がいいかも。

● 新月 ◐ 上弦 ○ 満月 ◑ 下弦

毎日の運気をチェック!

2024 8 August メンテナンスの月

DATE			
1	Thu.	一粒万倍日	夏ならではのイベントを楽しもう。恋愛運も好調。
2	Fri.		緊張感が切れてしまいそう。気の緩みに気をつけて。
3	Sat.		うまくいった過去の経験が背中を押してくれそう。
4	Sun.	●	お金の使い方を考えるといい日。臨時収入は貯金を。
5	Mon.		人の意見ではなく自分が正しいと思うことを選んで。
6	Tue.	不成就日	信頼できる人の話でも鵜呑みにせず、確認するように。
7	Wed.		どんなことが起きても、ドンと構えて回避しよう。
8	Thu.		離れていくものは手放して、未来に目を向けて。
9	Fri.		新しく挑戦する気持ちが運気アップにつながる日。
10	Sat.		気になる異性がいるなら勇気を出してアプローチを。
11	Sun.	一粒万倍日	週末はゆっくり過ごすのがベスト。疲れを癒して。
12	Mon.	天赦日	自分をちゃんと癒すことで大切なことに気づきそう。
13	Tue.	◐	努力の成果が出る日。長所を活かして取り組もう。
14	Wed.	不成就日	気を抜くとトラブルの原因に。用心して過ごして。
15	Thu.		懐かしい友達やお世話になった人に会うと元気回復。

16	Fri.	一粒万倍日	たくさんしゃべって笑えば、心も体もスッキリ。
17	Sat.		自分のやり方を貫くより、相手に歩み寄ってみて。
18	Sun.		人に期待せず、自分を信じる気持ちを大切に。
19	Mon.		がんばりすぎはNG。健康的な生活を意識しよう。
20	Tue.	○	わだかまりがある人と話すなら今日がチャンス。
21	Wed.		軽い運動で体を動かせば、デトックスに効果的。
22	Thu.	不成就日	物事を見直すとき。崩れた生活リズムを整えて。
23	Fri.	一粒万倍日	決断力がカギ。大事なことさえ見えていれば開運。
24	Sat.		あなたをライバル視している人とは距離をとって。
25	Sun.		立ち止まることも必要。頭を切り替えていこう。
26	Mon.	◑	体力を過信せず、適度に休憩することを忘れずに。
27	Tue.		体調が悪いなら病院へ。何よりも体を大切にしよう。
28	Wed.	一粒万倍日	お金の使い方を見直して、将来に向けて貯蓄を開始。
29	Thu.		恋愛で進展を望むなら、想いを相手に伝えてみて。
30	Fri.	不成就日	トラブルに巻き込まれるかも。行動に気をつけよう。
31	Sat.		急いでいるときこそ、丁寧に取り組む姿勢を大切に。

● 新月 ◐ 上弦 ○ 満月 ◑ 下弦

Astrology How To Profile & Congeniality Yearly Fortune-Telling Monthly Fortune-Telling Daily Fortune-Telling Other Ranking

2024 9 September

毎日の運気をチェック!

努力が報われる月

DATE			
1	Sun.		身の回りを整理するといい日。掃除も念入りに。
2	Mon.		努力は無駄にならないはず。チャンスをうかがって。
3	Tue.		アイデアが形になりそう。ブラッシュアップしよう。
4	Wed.	一粒万倍日 不成就日	今ラクするより、将来のメリットを考えて選ぼう。
5	Thu.		肌のお手入れは丁寧に。睡眠時間もしっかり確保。
6	Fri.		願いが叶う日。勇気を出してどんどん前に出て!
7	Sat.		誘惑が多くなりそう。高額な買い物は避けるように。
8	Sun.		周りの人の応援に感謝。ためらわず一歩踏み出そう。
9	Mon.	重陽の節句	うれしい臨時収入の予感。プレゼントもあるかも。
10	Tue.		穏やかな1日になりそう。大切な人と過ごして。
11	Wed.		親しき仲にも礼儀あり。噂話には気をつけよう。
12	Thu.	一粒万倍日 不成就日	中身も外見も磨きをかけて、素敵な大人をめざして。
13	Fri.		離れていく人に執着せず、流れを受け入れること。
14	Sat.		過去への未練は断ち切って、新スタートを切るとき。
15	Sun.		いい出会いがありそう。交友関係を広げてみて。

16	Mon.		きっぱり決断すれば、鬱々とした気持ちも晴れそう。
17	Tue. 中秋の名月	一粒万倍日	どれだけ疲れていても、明るい笑顔を忘れないで。
18	Wed.		頑張りが報われる日。ご褒美タイムを楽しもう。
19	Thu.		ミスをしやすい日。気を引き締めて乗り切ろう。
20	Fri.	不成就日	つまずいても、経験を頼りに再挑戦の準備をして。
21	Sat.		叶えたい夢があるなら、自己アピールをしっかりと。
22	Sun.		うれしいことがあった分、周りの人には感謝を。
23	Mon.		面倒なことも、1人でやり抜くことが必要なとき。
24	Tue.	一粒万倍日	やるべきことは早めに終えて、ゆとりを確保しよう。
25	Wed.		注意したくなっても、変に口出ししない方がベター。
26	Thu.		体を動かしたり、新しい物を買うと運気アップに。
27	Fri.		何事も新しい発想を取り入れてみると結果が出そう。
28	Sat.	不成就日	いい加減に対応していると、後から尻拭いが大変に。
29	Sun.	一粒万倍日	ゆっくり休めば、明日からまた頑張れそう。
30	Mon.		思ったことは素直に伝えて。わかってもらえるはず。

毎日の運気をチェック!

2024 10 October

誘惑が多い月

DATE			
1	Tue.		油断すると失敗の原因に。最後までやり抜こう。
2	Wed.		年上の人と積極的に話してみて。学ぶことが多そう。
3	Thu.	● 不成就日	財布の紐が緩みやすい日。金銭感覚を取り戻して。
4	Fri.		経験豊富な人からのアドバイスが役に立つはず。
5	Sat.		予定が変更になるかも。1人もたまにはいいもの。
6	Sun.	一粒万倍日	口が軽いとトラブルに。聞き役に徹するとよさそう。
7	Mon.		人の意見を取り入れてみると、もっと魅力的に!
8	Tue.		面白そうなことを発見しそう。まずはチャレンジ。
9	Wed.	一粒万倍日	やる気がみなぎる運気。今日は自分から発信を。
10	Thu.		のんびりしていると誰かに先を越されてしまうかも。
11	Fri.	◐ 天赦日 不成就日	出かける前に深呼吸をして気持ちを切り替えよう。
12	Sat.	一粒万倍日	難題も、本気で取り組めば実力を磨くチャンスに。
13	Sun.		人目を意識して、TPOに合った言動を心がけよう。
14	Mon.		一度失敗したことに再挑戦。今度こそ達成しよう!
15	Tue.		本当にお世話になっている人に心からのお礼を。

16	Wed.			今日は早めに帰宅して、大切な人と過ごして。
17	Thu.	○		一見いい話に思えても、信用するのはまだ早そう。
18	Fri.			トラブルに注意の日。用心するに越したことはない。
19	Sat.		不成就日	苦手なことでも、逃げずに向き合ってみよう。
20	Sun.			他方面の人から話を聞いてみると思わぬ発見が。
21	Mon.		一粒万倍日	結果よりも、そこまでの道のりを楽しんでみて。
22	Tue.			散歩やジョギングを。リフレッシュが大切。
23	Wed.			意外と疲れが蓄積。リラックスする時間を作ろう。
24	Thu.	◑	一粒万倍日	いつもより大胆な姿を見せると、新たな魅力が開花。
25	Fri.			予想外のタイプに惹かれても、一時的な感情かも。
26	Sat.			運気は上昇中。放置していたことを再開すると◎。
27	Sun.		不成就日	お金の扱いは慎重に。うっかりミスに気をつけて。
28	Mon.			周りの人に甘えず、責任感をもって取り組もう。
29	Tue.			予定が変わっても、なんとかなると乗り切って。
30	Wed.			念には念を入れて備えておくと、後で助かるはず。
31	Thu.			当てが外れても、今がその時機ではなかっただけ。

● 新月 ◐ 上弦 ○ 満月 ◑ 下弦

毎日の運気をチェック!

2024 11 November 再挑戦できる月

DATE		
1 Fri.		計画通り進んでいないなら、今が軌道修正のとき。
2 Sat.	一粒万倍日	友達の輪が広がる日。人が集まる場に足を運ぼう。
3 Sun.		直感を信じて、ピンと来たら行動してみて!
4 Mon.	不成就日	慌ただしくなりそう。焦らず丁寧に片づけよう。
5 Tue. 一の酉	一粒万倍日	昔からの友達が将来のパートナー候補になるかも。
6 Wed.		油断していると、知らぬ間にライバルが現れそう。
7 Thu.		友達とイベントに参加。いろんな人と交流してみて。
8 Fri.		思いがけない収入がありそう。貯金に回すのが◎。
9 Sat.		努力の成果が出る日。喜びを胸にこれからも前進を。
10 Sun.		判断力が鈍りそう。いい情報を得ても慎重になって。
11 Mon.		ピンチのときこそ、我が身を振り返るチャンス!
12 Tue.	不成就日	身の回りを整頓すると、気持ちがスッキリするはず。
13 Wed.		出会い運がいい日。友達の誘いには迷わずOKを。
14 Thu.		友達の友達にも声をかけて、交流の輪を広げよう。
15 Fri.		曖昧な態度はやめて、きっぱり決断することが大切。

16	Sat.		1週間の疲れが出そう。温かいお風呂でリラックス。
17	Sun. 二の酉	一粒万倍日	魅力が輝く日。意外な人からほめられることも。
18	Mon.	一粒万倍日	以前と同じミスに注意。自分の癖をわかっておこう。
19	Tue.		お世話になった人や古い友達がラッキーパーソンに。
20	Wed.	不成就日	ここぞというときこそ、前に出すぎず謙虚な態度で。
21	Thu.		いい結果が出ても調子にのらず次の目標を決めよう。
22	Fri.		年上の人と過ごすと穏やかな気持ちでいられそう。
23	Sat.		大勢の前に出るのは避けて。1人で出来ることに集中。
24	Sun.		ずるずる続いている関係を断ち切ると前に進めそう。
25	Mon.		普段読まないジャンルや作家の本を読むと吉。
26	Tue.		将来の健康のために不規則な暮らしを改善しよう。
27	Wed.		何を手に入れたいのか具体的にしてみると叶うはず。
28	Thu.	不成就日	体調がイマイチなら無理はせず、体力温存に努めて。
29	Fri. 三の酉	一粒万倍日	少々無理な頼みでも、快く引き受けてみると開運。
30	Sat.	一粒万倍日	頭が働かなくなったら、こまめに休憩を挟もう。

● 新月 ◐ 上弦 ○ 満月 ◑ 下弦

毎日の運気をチェック!

2024 12 December 吉凶混ざり引きが強い月

DATE			
1	Sun.		周りの人との会話から、将来に役立つヒントを発見。
2	Mon.		はっきりした目的があると、どんな努力も楽しめそう。
3	Tue.		笑顔を心がけて。周りも声をかけやすくなるはず。
4	Wed.		ショックなことがあるかも。人を見る目を養おう。
5	Thu.	不成就日	話を盛っていると、思わぬトラブルに発展するかも。
6	Fri.		離れていく人や物は、執着せず手放していこう。
7	Sat.		柔軟に考えてみると、いい方向に転換するはず。
8	Sun.		新たな出会いがこれからの幸運を運んでくるカギに。
9	Mon.		頭が冴える日。素早く決断して自分でやり抜こう。
10	Tue.		人の意見は気にしないで。堂々としていてOK。
11	Wed.		得意なことで注目を集めそう。恋のチャンスも到来。
12	Thu.		気を張らずに過ごすと周囲から癒しとなる存在に。
13	Fri.	一粒万倍日 不成就日	乗り越えたいことがあるなら、年上の人に相談を。
14	Sat.	一粒万倍日	成長を感じることがありそう。素直に喜ぼう。
15	Sun.		うれしいサプライズが。感謝の気持ちを忘れずに。

16 Mon.			言い訳は逆効果。指摘を受けたら素直に反省しよう。
17 Tue.			嫌なことを進んでやるなど、みんなのサポートを。
18 Wed.			仕事も不要な物も溜め込まずこまめに処理すること。
19 Thu.			思い込みを捨てて話してみて。意外といい人かも。
20 Fri.			仲間内で集まると、いい刺激をたくさんもらえそう。
21 Sat. 冬至		不成就日	遅刻に気をつけたい日。早めの行動を心がけて。
22 Sun.			食べすぎや飲みすぎに注意。自分の体と向き合おう。
23 Mon.	◑		パートナーを探している人は出会いのチャンス到来！
24 Tue.			気の緩みはトラブルのもと。外出時は足もとに注意。
25 Wed.		一粒万倍日	仲間が集まってのパーティは楽しい時間になるはず。
26 Thu.		天赦日 一粒万倍日	貯蓄プランを立てるなどお金の使い方を考えると◎。
27 Fri.			好きな人やパートナーと穏やかな時間を過ごせそう。
28 Sat.			スパやマッサージに行って、1年の疲れを癒して。
29 Sun.		不成就日	周りの人の意見に合わせてみると、新たな発見が。
30 Mon.			大掃除でいらない物を捨て、気の流れをよくしよう。
31 Tue. 大晦日	●		2025年に挑戦したいことを想像していい展開に。

● 新月 ◐ 上弦 ○ 満月 ◑ 下弦

Astrology
How To
Profile & Congeniality
Yearly Fortune-Telling
Monthly Fortune-Telling
Daily Fortune-Telling
Other
Ranking

OTHER PROFILE

他の天星のプロフィール

天星は全部で12タイプ。
自分以外の天星についても知って、
人付き合いに役立ててくださいね。

Profile

載っていること

基本性格

各天星のトリセツ

2024年の開運のカギ

開運色・アイテム・スポット

2024年の開運相性

その星から見た基本の相性

MOON

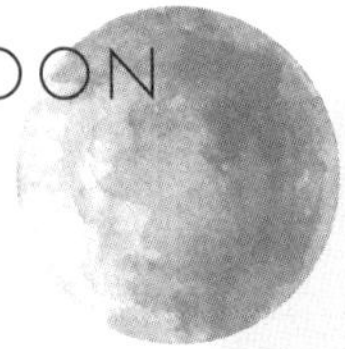

柔らかな愛と
“繊細な光のエネルギー”をもつ

月グループ

バランス感覚と
“自然な光のエネルギー”をもつ

地球グループ

EARTH

秘めたパワーと
“情熱の光のエネルギー”をもつ

太陽グループ

SUN

満月

情にあふれたロマンチスト

基本性格

想像力が豊かで温かい心をもったロマンチストな反面、冷静で現実主義的に考える面ももち合わせているタイプ。周囲の人を気遣い、困っている人を放っておけない優しさがあるため、知らないうちに気疲れしてしまいがちです。安心してのんびりできる居場所を用意して、自分を癒すことも大切に。

満月のトリセツ

⬆好きなこと・喜ぶこと

- 温泉にゆったり浸かる
- サプライズ（する、される）
- 喜んでくれる人、素直な人
- 好きなだけ寝ること
- 趣味や遊びの共有
- 優しい言葉をかけられる

⬇嫌がること・ストレスになること

- 余裕がない状況
- 不安や心配を抱え込む
- 競争、戦い
- 無視や仲間はずれ
- 威圧的な態度
- 否定的な人、無神経な人

2024年の開運のカギ

やるといいこと	生活に運動や筋トレを取り入れる
気をつけるべきこと	オン・オフの切り替え、自律神経を整える

2024年の開運相性

恋愛運を上げる天星	仕事運をのばす天星	金運をのばす天星
満月 × **上弦の月**	満月 × **満月**	満月 × **夕焼け**

基本の開運色
紫

2024年の開運色
ミントグリーン

2024年の開運アイテム
手帳型スマホケース

2024年の開運スポット
フラワーパーク

天星タイプ別 基本の相性

満月 × 満月 ★★★★★	満月 × 大陸 ★★★☆☆
満月 × 上弦の月 ★★★★★	満月 × 海 ★☆☆☆☆
満月 × 下弦の月 ★★★★☆	満月 × 朝日 ★★☆☆☆
満月 × 新月 ★★★★☆	満月 × 真昼 ★★★★☆
満月 × 空 ★★★☆☆	満月 × 夕焼け ★★★★☆
満月 × 山脈 ★★★☆☆	満月 × 深夜 ★☆☆☆☆

上弦の月

無邪気で警戒心の強い癒し系

基本性格

美的感覚が鋭く、慎重そうに見えて直感型のタイプ。警戒心は強いですが根が純粋なので、いい人だなと感じるとすぐ信じてしまうことも。仲がいいと無意識のうちにわがままになりやすく、愛が感じられないと不安定になる一面も。自分を認めてくれ、安らぎをくれる人といることが開運につながります。

上弦の月のトリセツ

⬆好きなこと・喜ぶこと

- 好きな人と過ごすこと
- 優しく気遣われること
- お姫様、王子様扱い
- 安心できる場所や人
- すぐ返信、すぐ対応
- 親しい人との飲み

⬇嫌がること・ストレスになること

- 放置される、既読スルー
- 頑張りを評価されないこと
- 人と比べられること
- 突然のお誘い
- アウェイな場所
- 思い通りにいかない環境

2024年の開運のカギ

やるといいこと	好きなことに没頭する
気をつけるべきこと	胃の不調。休息をしっかりとる

2024年の開運相性

恋愛運を上げる天星	仕事運をのばす天星	金運をのばす天星
上弦の月 × 満月	上弦の月 × 真昼	上弦の月 × 空

基本の開運色
白

2024年の開運色
トマトレッド

2024年の開運アイテム
パワーストーン

2024年の開運スポット
水がキレイな場所

天星タイプ別 基本の相性

上弦の月 × 満月 ★★★★★	上弦の月 × 大陸 ★★★☆☆
上弦の月 × 上弦の月 ★★★★☆	上弦の月 × 海 ★★★★☆
上弦の月 × 下弦の月 ★☆☆☆☆	上弦の月 × 朝日 ★★★★☆
上弦の月 × 新月 ★★☆☆☆	上弦の月 × 真昼 ★★★★☆
上弦の月 × 空 ★★☆☆☆	上弦の月 × 夕焼け ★★★★☆
上弦の月 × 山脈 ★★☆☆☆	上弦の月 × 深夜 ★★☆☆☆

下弦の月

ノリで勝負な愛嬌の達人

基本性格

好奇心旺盛で大器晩成型の気質をもち、出世するタイプ。仲よくなると気さくで、興味があることであれば臨機応変に対応できるなど順応性は高め。ただし飽きっぽくて集中力のないところがあり、興味のない話は聞いている風。根は明るく少し抜けている天然タイプですが、そこが大きな魅力です。

下弦の月のトリセツ

⬆好きなこと・喜ぶこと

- 好きな人たちからの応援
- 家族にほめられること
- 可能性を広げてくれる人
- 無添加や体によいもの
- 一流に触れること
- 自分を尊重してくれる人

⬇嫌がること・ストレスになること

- 否定されること
- 間違いを正されること
- 忘れないでと強制される
- 孤独感
- 「好き」を共感されない
- 責任を問われること

2024年の開運のカギ

やるといいこと	責任をもって何事も最後までやり抜く
気をつけるべきこと	キツイ口調や上辺だけの返事

2024年の開運相性

恋愛運を上げる天星	仕事運をのばす天星	金運をのばす天星
下弦の月 × 空	下弦の月 × 大陸	下弦の月 × 真昼

基本の開運色
黄色

2024年の開運色
ピンクベージュ

2024年の開運アイテム
財布

2024年の開運スポット
神社仏閣

天星タイプ別 基本の相性

- 下弦の月 × 満月 ★★☆☆☆
- 下弦の月 × 大陸 ★★★★★
- 下弦の月 × 上弦の月 ★★★★☆
- 下弦の月 × 海 ★★★★☆
- 下弦の月 × 下弦の月 ★★★☆☆
- 下弦の月 × 朝日 ★☆☆☆☆
- 下弦の月 × 新月 ★☆☆☆☆
- 下弦の月 × 真昼 ★★★☆☆
- 下弦の月 × 空 ★★★★☆
- 下弦の月 × 夕焼け ★★★★☆
- 下弦の月 × 山脈 ★★★☆☆
- 下弦の月 × 深夜 ★★★★★

新月

想像力が豊かな寂しがり屋

基本性格

想像力が豊かでクリエイティブな発想に優れています。芸術的センスも抜群。本心を隠す傾向があり、警戒心が強い反面、本質は寂しがり屋です。心を許せる相手には本当の自分をさらけ出すことができます。自分の信念をもち、知識や能力を高めることに集中するといい方向にいくでしょう。

新月のトリセツ

⬆好きなこと・喜ぶこと

- マメな連絡、情報の共有
- 記念日を大切にすること
- 真剣な話し合い
- 気にかけてくれる人
- 好きなものを写真に収める
- 自分の考えに寄り添う人

⬇嫌がること・ストレスになること

- いい加減な態度
- 既読スルー
- 苦しみを分かち合えない
- 場を乱す人
- SOSを見過ごされる
- ひとりぼっちにされる

2024年の開運のカギ

やるといいこと	感動体験やワクワクすることをしてみる
気をつけるべきこと	自信をなくさない

2024年の開運相性

恋愛運を上げる天星	仕事運をのばす天星	金運をのばす天星
新月×深夜	新月×夕焼け	新月×朝日

基本の開運色
銀色

2024年の開運色
エメラルドグリーン

2024年の開運アイテム
ピンキーリング

2024年の開運スポット
星空がキレイな場所

天星タイプ別 基本の相性

新月×満月 ★★★★☆	新月×大陸 ★★★☆☆
新月×上弦の月 ★★★★☆	新月×海 ★★★★☆
新月×下弦の月 ★★☆☆☆	新月×朝日 ★★★★★
新月×新月 ★☆☆☆☆	新月×真昼 ★★★★☆
新月×空 ★★★★☆	新月×夕焼け ★☆☆☆☆
新月×山脈 ★★☆☆☆	新月×深夜 ★★★★☆

山脈

平和主義なお茶目さん

基本性格

1つひとつ着実に自信をつけ、協調性を重んじる安定志向タイプ。興味をもてない人付き合いは面倒に思いがちですが、周りを和ませる愛嬌があり、実は幅広い交友関係を築ける社交性を隠しもっています。ドライなリアリストで論理的な面も。ほめられたり、認められることで大きく成長します。

山脈のトリセツ

⬆好きなこと・喜ぶこと

- 自然なほめまくり攻撃
- 自分の目標をクリア！
- 自分のペースで進行
- お得を感じること
- 趣味に没頭できること
- レアな物、価値がある物

⬇嫌がること・ストレスになること

- 面倒くさいこと
- 自分に無関係な話
- 効率が悪いこと
- タスクが終わらない状況
- 騒がしい場所や大きな音
- 非常識なこと

2024年の開運のカギ

やるといいこと	1人の時間やリフレッシュを大切に
気をつけるべきこと	自分にも人にも厳しくしない

2024年の開運相性

恋愛運を上げる天星	仕事運をのばす天星	金運をのばす天星
山脈 × **海**	山脈 × **山脈**	山脈 × **大陸**

基本の開運色
緑

2024年の開運色
黄色

2024年の開運アイテム
トートバッグ

2024年の開運スポット
緑が多く静かな場所

天星タイプ別 基本の相性

山脈 × 満月 ★★★☆☆	山脈 × 大陸 ★★☆☆☆
山脈 × 上弦の月 ★★☆☆☆	山脈 × 海 ★★★☆☆
山脈 × 下弦の月 ★★★★★	山脈 × 朝日 ★★★★☆
山脈 × 新月 ★☆☆☆☆	山脈 × 真昼 ★☆☆☆☆
山脈 × 空 ★★★★☆	山脈 × 夕焼け ★★★☆☆
山脈 × 山脈 ★★★★☆	山脈 × 深夜 ★★★☆☆

★大陸★

冷静沈着な感性先取りタイプ

基本性格

才能豊かで独自のセンスのもち主。穏やかに見えて正義感が強く、決断が早く勝気なところも。情にもろく義理堅い面もあり、一旦やると決めたらやり抜く責任感の強い人です。実は慎重で小心者なので無意識のうちに自分を守ろうとしますが、親しい人の間では可愛いムードメーカーになるタイプです。

大陸のトリセツ

⬆好きなこと・喜ぶこと

- 憧れ、尊敬されること
- 成功すること
- すべて把握できる環境
- 自分が1番の状況
- 時間配分通りに進むこと
- ストレス解消の買い物

⬇嫌がること・ストレスになること

- バカにされること
- 口だけの人
- 手柄を奪われること
- 自分から折れること
- 弱い面を見破られること
- 服装やセンスへの口出し

2024年の開運のカギ

やるといいこと	“笑い”を大切にしてみる
気をつけるべきこと	すべて1人で抱え込まない

2024年の開運相性

恋愛運を上げる天星	仕事運をのばす天星	金運をのばす天星
大陸 × 夕焼け	大陸 × 下弦の月	大陸 × 山脈

基本の開運色
赤

2024年の開運色
シルバー

2024年の開運アイテム
ネイル
ハンドクリーム

2024年の開運スポット
湧き水がおいしい所

天星タイプ別 基本の相性

組み合わせ	相性
大陸 × 満月	★★★☆☆
大陸 × 上弦の月	★★★★☆
大陸 × 下弦の月	★★★☆☆
大陸 × 新月	★★☆☆☆
大陸 × 空	★★★★☆
大陸 × 山脈	★★☆☆☆
大陸 × 大陸	★★★☆☆
大陸 × 海	★★★★☆
大陸 × 朝日	★★★★★
大陸 × 真昼	★☆☆☆☆
大陸 × 夕焼け	★★★★☆
大陸 × 深夜	★★★☆☆

海

二面性を隠しもった完璧主義者

基本性格

広く穏やかな海のように優しい雰囲気をもつ反面、完璧主義で深い海のように底知れぬ野心を隠しもっているタイプ。奥深くには、自分を守る強力な保護があり、自分軸が強め。人を信用するまで時間がかかります。自分でも自覚できていない思い込みや思考の癖をもつ実は頑固な人。本音を語らず、少々ドライな一面もあります。

海のトリセツ

⬆好きなこと・喜ぶこと

・特別扱いされること
・若く見られほめられること
・丁寧にお礼を言われる
・ツボを押さえたほめ言葉
・理解してもらえること
・秘密を共有した優位な状況

⬇嫌がること・ストレスになること

・自分のルールを変えること
・人前で怒られること
・自分をさらけ出すこと
・短所を指摘してくる人
・土足で踏み込まれること
・思い通りにならないこと

2024年の開運のカギ

やるといいこと	謙虚な気持ちで心からの感謝をする
気をつけるべきこと	自分の固定観念に捉われない

2024年の開運相性

恋愛運を上げる天星	仕事運をのばす天星	金運をのばす天星
海×真昼	海×深夜	海×朝日

基本の開運色
青

2024年の開運色
オレンジ

2024年の開運アイテム
ゴールドピアス イヤリング

2024年の開運スポット
動物がいる場所

天星タイプ別 基本の相性

海×満月 ★★☆☆☆	海×大陸 ★★★☆☆
海×上弦の月 ★☆☆☆☆	海×海 ★☆☆☆☆
海×下弦の月 ★★★☆☆	海×朝日 ★★★☆☆
海×新月 ★★☆☆☆	海×真昼 ★★★☆☆
海×空 ★★★★☆	海×夕焼け ★☆☆☆☆
海×山脈 ★★★★☆	海×深夜 ★★★★★

朝日

自由気ままな気分屋さん

CHARACTER KEYWORD

- 短期集中型の星
- ピュアの星
- 情に厚い星
- 面倒くさがりの星
- 人見知りの星

基本性格

マイペースで冒険心旺盛、楽しいことが大好き。実は人見知りですが、趣味やノリが同じ人とはすぐに仲よくなれます。根は無邪気で、意外に単純。枠にはまらず自由に生きたいという願望も。飽きっぽいですが、気分がのれば驚くほどの行動力を発揮し、周りを驚かせることもあります。

朝日のトリセツ

⬆好きなこと・喜ぶこと

- 自由な自分の時間
- 好きなことをやれる環境
- 優位に立てる状況
- 尊敬されること
- ゲームや漫画タイム
- 趣味やノリが同じこと

⬇嫌がること・ストレスになること

- 強制されること
- ルールを無視する人
- 細かい指示や確認作業
- 自分の時間を邪魔する人
- 比べられたりバカにされる
- 逃げ場がないこと

2024年の開運のカギ

やるといいこと	スマホより目の前の相手を大切に
気をつけるべきこと	ケガ。損得勘定で物事を決めない

2024年の開運相性

恋愛運を上げる天星	仕事運をのばす天星	金運をのばす天星
朝日 × 山脈	朝日 × 空	朝日 × 新月

基本の開運色	蛍光色
2024年の開運色	ゴールド
2024年の開運アイテム	帽子
2024年の開運スポット	歴史を感じる場所

天星タイプ別 基本の相性

朝日 × 満月	★★☆☆☆	朝日 × 大陸	★★★★★
朝日 × 上弦の月	★★★★☆	朝日 × 海	★★★☆☆
朝日 × 下弦の月	★☆☆☆☆	朝日 × 朝日	★★★★☆
朝日 × 新月	★★★★☆	朝日 × 真昼	★★★★☆
朝日 × 空	★☆☆☆☆	朝日 × 夕焼け	★★☆☆☆
朝日 × 山脈	★★★★☆	朝日 × 深夜	★★☆☆☆

真昼

自由主義な行動派

基本性格

穏やかそうに見えますが、物事を先取りする直感やスピード感があり、考えるより先に行動する人。好き嫌いをハッキリと主張し、何事にも直球で短期決戦を好みます。いったん相手を信頼すると急激に距離を縮め、友達の輪をどんどん広げるなど、人との縁で自分を発展させられるタイプです。

真昼のトリセツ

⬆好きなこと・喜ぶこと

- 冒険や海外旅行
- 「さすが!」という言葉
- ベタなセリフ
- 自分に従ってくれる
- 高級品やブランド
- 努力する自分

⬇嫌がること・ストレスになること

- 自分のペースを崩される
- 待たされること
- 長期戦
- 優柔不断な人
- 細かく聞いてくる人
- 予定を把握されること

2024年の開運のカギ

やるといいこと　日常に運動を取り入れた健康な体づくり

気をつけるべきこと　感情的にならない。戦わない

2024年の開運相性

恋愛運を上げる天星	仕事運をのばす天星	金運をのばす天星
真昼 × 海	真昼 × 上弦の月	真昼 × 下弦の月

基本の開運色
橙色

2024年の開運色
茶色

2024年の開運アイテム
メガネ サングラス

2024年の開運スポット
鳥の鳴き声が聞こえる場所

天星タイプ別 基本の相性

真昼 × 満月 ★★☆☆☆	真昼 × 大陸 ★★☆☆☆
真昼 × 上弦の月 ★★★★☆	真昼 × 海 ★★★☆☆
真昼 × 下弦の月 ★★★☆☆	真昼 × 朝日 ★★★★☆
真昼 × 新月 ★★★☆☆	真昼 × 真昼 ★☆☆☆☆
真昼 × 空 ★★★★★	真昼 × 夕焼け ★★☆☆☆
真昼 × 山脈 ★★★★☆	真昼 × 深夜 ★★☆☆☆

夕焼け

悠然としている頑張り屋さん

基本性格

強い信念をもち、一度目標を決めると秘めたパワーで突き進み、頑張る姿を人に見せたがらない、コツコツマイペースな陰の努力家です。壁があるように見えますが、意外と単純。要領がよく、根拠のない自信をもち合わせています。思考は論理的。実は打たれ弱く、少し短気な面も。好き嫌いがわかりやすい人です。

夕焼けのトリセツ

⬆好きなこと・喜ぶこと

- 包容力のある人に包まれる
- 得意なことをほめられる
- 過去の栄光への称賛
- 自分を好きな仲間といる
- 刺激を得ること
- マッサージ

⬇嫌がること・ストレスになること

- バカにされること
- 高圧的な態度や発言
- 自分を否定する人
- 不安にさせる言葉
- パーソナルスペースに入られること
- ダメ出し

2024年の開運のカギ

やるといいこと	家の中を整理し居心地のよい空間に
気をつけるべきこと	連絡は即レスを心がけ、溜めない

2024年の開運相性

恋愛運を上げる天星	仕事運をのばす天星	金運をのばす天星
夕焼け × 大陸	夕焼け × 新月	夕焼け × 満月

基本の開運色
桜色

2024年の開運色
紫

2024年の開運アイテム
お香

2024年の開運スポット
懐かしさを感じる場所

天星タイプ別 基本の相性

夕焼け × 満月 ★★★☆☆	夕焼け × 大陸 ★★★★☆
夕焼け × 上弦の月 ★★☆☆☆	夕焼け × 海 ★★★★☆
夕焼け × 下弦の月 ★★★☆☆	夕焼け × 朝日 ★★☆☆☆
夕焼け × 新月 ★☆☆☆☆	夕焼け × 真昼 ★★☆☆☆
夕焼け × 空 ★★☆☆☆	夕焼け × 夕焼け ★★★★☆
夕焼け × 山脈 ★★★★☆	夕焼け × 深夜 ★★★★★

深夜

束縛を嫌う個性豊かな変わり者

CHARACTER KEYWORD

- 独創性豊かな星
- 個性たっぷりの星
- ユニークな星
- 自由が好きな星
- あまのじゃくの星

基本性格

独特の感性や個性をもち、不思議な雰囲気をまとっています。自分のペースや世界を大切にし、我が道を進むタイプで、本当に好きなことは納得いくまでレベルを上げる頑張り屋。意地っ張りな面もあり、なかなか本心を伝えることができませんが、理解してくれる相手には深い愛情を注ぎます。

深夜のトリセツ

⬆好きなこと・喜ぶこと

- 自分だけの時間と空間
- パワースポット巡りの旅
- 楽しい毎日を送ること
- 本能に従って生きること
- うまく立ててもらうこと
- 休息をとること

⬇嫌がること・ストレスになること

- 根掘り葉掘り聞かれること
- 無駄なこと
- 状況を説明すること
- 偉そうな態度や人
- 束縛されること
- やりたいことを阻まれる

2024年の開運のカギ

やるといいこと	やりたいことリストを作る
気をつけるべきこと	紛失注意。データはバックアップを

2024年の開運相性

恋愛運を上げる天星	仕事運をのばす天星	金運をのばす天星
深夜 × 新月	深夜 × 深夜	深夜 × 海

基本の開運色
茶色

2024年の開運色
緑

2024年の開運アイテム
ブレスレット

2024年の開運スポット
温泉地

天星タイプ別 基本の相性

深夜 × 満月 ★★☆☆☆	深夜 × 大陸 ★★★☆☆
深夜 × 上弦の月 ★★★★☆	深夜 × 海 ★★★☆☆
深夜 × 下弦の月 ★★★★★	深夜 × 朝日 ★★★★☆
深夜 × 新月 ★★☆☆☆	深夜 × 真昼 ★☆☆☆☆
深夜 × 空 ★★★☆☆	深夜 × 夕焼け ★★★☆☆
深夜 × 山脈 ★★★★☆	深夜 × 深夜 ★★★☆☆

天星別 特徴

RANKING

誘惑に弱い天星ベスト3

1位 空

誘惑したりされたり、流されやすく、ミーハー気質で、欲に負けやすい傾向あり。

2位 大陸

情にもろく、押しにも弱め。基本的には好きな人としか一緒にいたくないタイプ。

3位 上弦の月・山脈

錯覚が入りやすく騙されやすい上弦の月と、楽しくなるとワクワクが止められない山脈。

考えすぎてしまう天星ベスト3

1位 満月

自分に自信がなく、実は気にしい。大丈夫かどうか些細な言動に敏感に反応し、スローダウン。

2位 上弦の月

一度気になると、解決するまでモヤモヤ考え、こんがらがって、我慢しすぎて体調ダウン。

3位 新月・真昼・深夜

妄想モードで心が弱りやすい新月。考える方向がズレやすい真昼。生きづらさを感じる深夜。

ケチな天星ベスト3

1位 山脈

節約家で貯金が趣味。人にはお金を使いたくないが、自分の欲しいものには投資。

2位 深夜

合理性を考えて基本ワリカン。誰かのために使う概念はないが、自分に利があるなら惜しみなく使う。

3位 夕焼け

お金には細かく現実的。損得勘定が敏感に働く。自分のためだと金銭感覚が疎くなりがち。

ランキング

人を信用しない天星ベスト3

1位 海

基本的に自分を守る。人は全員嘘つき、裏切ると過去の経験から決めつけていて、警戒している。

2位 新月

直感でピンとこなければ心を開かない。相手を警戒し、いろんな角度から探る。会話する時間次第。

3位 下弦の月・大陸

どちらも人は好き。上辺を合わせじっくり吟味する下弦の月。熱く語り価値観の一致で深まる大陸。

不安にさせてはいけない天星ベスト3

1位 新月

ネガティブスイッチあり。実はカマチョさんタイプ。何もかも嫌になると、殻に閉じこもる傾向が。

2位 夕焼け

強がっていても実は心配性。常に不安あり。空回りすると余裕がなくなり不満爆発。

3位 上弦の月・下弦の月

安心しないと落ち着かない上弦の月。不安から不満になりシャットダウンして逃げたくなる下弦の月。

見栄っ張りな天星ベスト3

1位 朝日

ついつい大人のふりをしてカッコつけがち。余裕がなくても後輩には自分のおかげだと演出。

2位 空

自分をよく見せるために無意識に取り繕ってしまい、持ち物や人脈でもちょっと自慢しがち。

3位 下弦の月・真昼

憧れられたい下弦の月、先取りしすぎな真昼、どちらも高級や一流といったステータスに弱め。

EPILOGUE

★ おわりに ★

最後まで読んでいただき、ありがとうございます。

今年、今月、今日
“今”がどんな流れ《リズム》なのかを描いた

―天星術第四ステージ―
『星ひとみの天星術2024』いかがでしたでしょうか。

天星、天星ナンバー、様々な性質
沢山の星と、光と影。

本書を通じて、今この瞬間を知る。

自分の知らない側面に気づいたならば
すべてはチャンスに変わります。

『運命は変えられる』
私はそう信じています。

今の自分はどんな流れにあるのか
今は何をするのがベストなのか。

「天星術」を知り、運気のリズムに乗れば、あなたが描いた未来に
たくさんの笑顔が舞い込んできます。

2024年という1年、そしてこの1日を、
どう過ごしていこうかと悩んだとき、
迷ったときに、そっと開き参考にしてみてください。

「天星術占い、それは人生の道しるべ」

影の時期でも大丈夫。
決して怖がらず、
間違えたっていいんです。
間違えたからこそ見える世界もある。

雨が降るなら傘を持って
雪が降るなら装備ができる
あなたの歩む道のり
どんな地図も描いてゆけます。

今年1年の
あなたの人生に訪れる“光と影”。
本書から読みとり、どう感じ、どう捉えるか。

どんな瞬間も、
たとえ今見える景色がどんな世界でも、
あなたが生きているこの1秒は
これからの人生で一度しか見られない景色となる。

運気は、世界は、刻々と変わっていきます。
限られた生命、限られた時間。

あなたは
誰と過ごしたいですか？
何をしたいですか？

できることならば、皆様一人ひとりにお会いしたい気持ちですが
私が今、皆様のためにできることは何か
できる限りのエネルギーを皆様に届けられるように

たくさんの方々に光が届くように願いを込め、
各天星、天星ナンバーごと、赤白と一人ひとりの皆様に、
さらに深く届くよう、
細かく書かせていただきました。

本書を通じて、少しでも皆様の
お手伝いができたのなら幸いです。

ゆっくり深呼吸し
心を落ち着かせて。

小さな光を感じられるように
今あるすべてに感謝を。

あなたは幸せになれる人。

2024年

もう一度自分を信じ
もう一度幸せの選択を。

「天星術」

いつも心のそばに。
今年もあなたのお守りに。

皆様が少しでも素晴らしい１年を送れるよう
お祈りいたします。

あなたは“大丈夫”

それではまたお会いしましょう。

2023年 10月吉日　星ひとみ

STAFF

編集協力
高橋尚子
［KWC］
安井桃子、杉本真理、長谷和希子、
阿部雅美、梶原知恵、西島 恵

アートディレクション
松浦周作
[mashroom design]

ブックデザイン
石澤 縁
[mashroom design]

イラスト
miya

企画協力
中込圭介
［Gオフィス］

Star Eyes

本書カレンダー記載の祝日・休日は2023年10月現在のものです。
法律の改正等により変更になる場合があります。

PROFILE

星ひとみ

（ほし・ひとみ）

占い師。巫女の血筋をもつ家系に生まれる。東洋占星術や統計学、心理学などをもとにしたオリジナル運勢鑑定法「天星術」の開祖である。生まれながらの力と経験による知識から導き出す鑑定は圧倒的な的中率で人気を集め、各界に多くのファンをもつ。著書に『星ひとみの天星術』（小社）、『星ひとみの天星術超図鑑』『運気を金にする　幸せ上手さん習慣GOLD』（ともに小学館）などがある。

星ひとみオフィシャルブログ「Star Eye's」

星ひとみInstagram

@hoshi_hitomi722

星ひとみ事務局Instagram

@hoshi_hitomi_staff

StarEyes × YAMASAN

星ひとみの天星術2024
空〈地球グループ〉

2023年10月25日　第1刷発行

著者　星ひとみ

発行人　見城 徹

編集人　菊地朱雅子

編集者　有馬大樹　三宅花奈　茂木 梓

発行所　株式会社 幻冬舎
〒151-0051
東京都渋谷区千駄ヶ谷4-9-7
電話 03(5411)6211［編集］
03(5411)6222［営業］

公式HP https://www.gentosha.co.jp/

印刷・製本所　中央精版印刷株式会社

検印廃止

ISBN978-4-344-04176-9 C0095

この本に関するご意見・ご感想は、
下記アンケートフォームからお寄せください。
https://www.gentosha.co.jp/e/